# L'EXPOSITION
### DES
# PRIMITIFS FRANÇAIS

IL A ÉTÉ TIRÉ DE CET OUVRAGE

510 EXEMPLAIRES NUMÉROTÉS

N°ˢ 1 à 10 *sur papier des Manufactures impériales du Japon*

N°ˢ 11 à 500 *sur papier vélin*

EXEMPLAIRE N° *37*

# L'EXPOSITION
### DES
# PRIMITIFS FRANÇAIS

## LA PEINTURE EN FRANCE
### SOUS LES VALOIS

PAR

M. HENRI BOUCHOT
MEMBRE DE L'INSTITUT
CONSERVATEUR DU DÉPARTEMENT DES ESTAMPES
A LA BIBLIOTHÈQUE NATIONALE

LIBRAIRIE CENTRALE DES BEAUX-ARTS
13, RUE LAFAYETTE, 13
PARIS

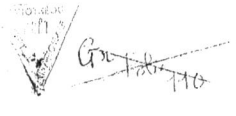
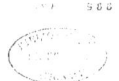

# PRÉFACE

Les Primitifs. — L'École des Parisiens au XIIIᵉ siècle. — La diffusion de l'art parisien par l'Architecture, la Sculpture, les travaux d'Orfèvrerie. — Hesdin et Mahaut d'Artois. — Les Miniaturistes du XIVᵉ siècle et les Peintres. — Les Primitifs Flamands et les Primitifs Français. Liste de Peintres Français 1292-1500.

Par ce mot de Primitifs, détourné un peu de son acception juste, entendons les premiers peintres nationalisés, — c'est-à-dire sevrés de la tradition byzantine imposée par les cloîtres, — et se formant, dans chaque région, suivant les conditions sociales, physiques, ethnographiques. A ce compte les premiers peintres de France ne ressemblent guère à ceux de l'Italie, encore moins à ceux de la Néerlande ou de l'Allemagne. Ce qui nous est resté des œuvres de plate peinture exécutées en France, dans le XIIIᵉ siècle, trahit des tempéraments et des goûts très différents de ceux des voisins. Les Français, laïcisés de bonne heure, grâce aux communes, se créent des canons spéciaux, des usages à eux. Leurs thèmes graphiques, empruntés à l'enluminure et à la sculpture des maîtres gothiques, trahissent un personnalisme singulier et puissant. Alors que Cimabué et ses contemporains s'ingénient à grandir au carreau les miniatures des moines orientaux, et se condamnent aux redites, les artistes de l'Ile de France, sans direction traditionnelle, s'émancipent et se cherchent des modèles à leur portée.

D'abord ce seront de maigres artisans. Au commencement du XIIIᵉ siècle, dès Philippe-Auguste, ils sont plutôt peintres décorateurs; ils couvrent les statues de leurs contemporains les sculpteurs, d'or fin ou de peintures voyantes. Ce sont les peintres-imagiers. D'autres s'avisent de reporter en petit sur les meubles, sur les ustensiles du culte ou les châsses de reliques, les figures appliquées en grand sur les murs des églises. Ce sont les peintres-selliers. Ils empruntent parfois aux miniaturistes des manuscrits les sujets les plus populaires et les répètent, sur les ais de bois qu'ils sont chargés d'« historier », c'est-à-dire de peindre à histoires, de décorer de compositions ou de fleurettes. Leur métier a ses lois. Ces peintres doivent, avant toutes choses, enduire leur bois d'une colle, mettre sur cette colle une toile ou un canevas, et, sur le canevas, du plâtre convenablement séché et poli. Suivant le cas, ils peignent leurs compositions à même ce plâtre, ou ils le recouvrent d'une lamelle d'argent, et, sur cet argent, ils ajoutent de l'or. L'or étant préparé et poncé, ils dessinent à l'encre noire le sujet, l'arrêtent dans ses contours, et ensuite appliquent la couleur au pinceau. Cette technique retrouvée chez les Primitifs parisiens, dès le XIII<sup>e</sup> siècle, consacrée dans le Livre des Métiers d'Etienne Boileau vers 1250, montre péremptoirement que la prétendue découverte de Margaritone d'Arezzo est une de ces fables comme il en court sur les origines des arts en Europe, à peu près dans tous les livres spéciaux.

Il nous est resté de ces pratiques de curieux spécimens antérieurs à la date que notre exposition s'est fixée. Une châsse à Albi, une autre à la Cathédrale de Noyon, des panneaux égarés ici ou là, datés par leurs figures ou leurs attributs, un tableau du Musée de Cluny, de rares peintures murales fixent, par leur témoignage, l'affirmation du Livre des Métiers. La question est donc maintenant de rechercher qui, des Parisiens ou de Margaritone, et surtout des Siennois, a commencé à peindre sur panneaux de bois, et à faire œuvre de plate peinture mobile et portative. Et le fait de priorité une fois établi, nous devrons rechercher et savoir, quels, des gens de France ou d'Italie, se sont émancipés les premiers, se sont cherché des moyens propres en s'affranchissant de l'imitation et de la redite. En d'autres termes, l'École de Paris du XIII<sup>e</sup> siècle — groupement de volontés concurrentes, de talents rencontrés chez les architectes, les sculpteurs, les verriers, les miniaturistes et les peintres selliers — a-t-elle subi la loi des Italiens ou des Néerlandais à ses origines, ou bien ceux-ci sont-ils venus lui demander certaines recettes, certains jeux qu'ils adaptèrent ensuite à leur esthétique particulière? Toutes les constatations paraissent en faveur des Parisiens. Ils ont les premiers constructeurs, les premiers modeleurs d'Europe ; leurs verriers et leurs orfèvres n'ont rien à emprunter aux autres. Lorsque Hugues de Plailly élève à Corbeil une tombe splendide à Ingeburge de Danemark et qu'il la signe, dans le commencement du XIII<sup>e</sup> siècle, il n'a rien demandé ni à Rome, ni à Athènes, ni à Haarlem, ni à Cologne (1). C'est un primitif, naturaliste déjà, copiant le vrai, l'effigie de la reine morte, sans aller prendre aux moines du Mont Cassin, grecs décadents, le secret utile à son œuvre. Et les sculptures des cathédrales, les vitraux de Chartres, les manuscrits français en sont là, bien longtemps avant que Cimabué paraisse dans le monde. Le mot de Primitifs français, si on l'entend à son vrai sens, n'est donc pas une expression hasardée, ni un « petit jeu ». Que des guerres incessantes, des bouleversements politiques, de grandes misères eussent arrêté l'essor, il serait puéril de le nier. L'homme de génie que fut Giotto nous manqua, comme les statuaires de génie, pareils à nos trecentistes, manquèrent à l'Italie. Cependant les artistes du porche de Reims, contemporains de Giotto, ne le valent-ils point? Nous dissocions les arts volontiers, mais nous allons à l'encontre du juste, en classifiant les talents, en mettant de parti-pris certains travaux au-dessus de certains autres.

---

(1) *Une nonne de l'Abbaye d'Hyères, Marguerite de Plailly, donne une image de N. D., quatre colombes et quatre anges à l'abbaye* (XIV<sup>e</sup> siècle). N'est-ce point là l'œuvre d'un de ses parents, un descendant de celui dont nous parlons? (Molinier, Obituaires, p. 622).

D'ailleurs, que discutons-nous? Une grande part a été ruinée chez nous. Nos anciennes peintures ont péri; savons-nous ce qu'Étienne d'Auxerre ou Pierre de Broiselles avaient exécuté sur les murailles du château de Hesdin, pour la comtesse Mahaut d'Artois, nièce de saint Louis? Pourrions-nous dire que les œuvres de cet Étienne, envoyé à Rome par Philippe-le-Bel, fussent tellement inférieures aux fresques de Giotto? Tout en est anéanti; pas un vestige n'en subsiste. Hesdin fut longtemps une sorte de Fontainebleau du xiv$^e$ siècle naissant : Mahaut y avait appelé tous les artistes parisiens les uns après les autres, ceux dont les noms nous ont été gardés par les livres de l'impôt, et parmi lesquels Étienne d'Auxerre et Évrard d'Orléans. D'eux aux Flandres, par un commerce persistant, la pénétration se fit. Il n'est point malaisé de suivre, dans les comptes de Mahaut d'Artois, publiés par M. Richard, le peu d'importance des Néerlandais à cette époque. On a fait de Pierre de Broiselles un Pierre de Bruxelles, sans tenir compte de la qualification de bourgeois de Paris dont on le gratifie. Et jamais aucun des artistes, employés à Hesdin pendant plus de vingt ans, ne va chercher en Flandre la moindre recette ni le moindre ouvrier; l'huile, les matières utiles aux travaux, les « estoffes » comme on dit, se prennent à Paris ou bien à Arras. Rien à Bruxelles, rien à Tournai, à Valenciennes, ni à Bruges. Dans le cas où les Néerlandais eussent été les initiateurs, le contraire se fût sûrement produit. Lorsque nous verrons paraître, à un demi-siècle de là, le peintre Jacquemard de Hesdin à la cour de France, Beauneveu de Valenciennes ou Jean de Bruges, si particulièrement influencés par nos artistes du commencement du xiv$^e$ siècle, et plus Français que nos peintres, si l'on peut dire, ne sommes-nous point fondés à prétendre que les travaux de Hesdin n'ont pas été pour rien dans l'éducation de ces gens? Et quand nous verrons Jacquemard de Hesdin, dans un manuscrit du duc de Berry, s'inspirer formellement du miniaturiste Pucelle de Paris, qui eût été son grand-père, que nous le verrons lui prendre ses plus jolies inventions du Bréviaire de Belleville, n'est-ce point que les nôtres ont été étudiés, copiés à outrance?

Ce sont ces faits nouveaux qu'il faudra reprendre un à un, remettre à leur point, discuter sur pièces authentiques, avant de se prononcer formellement sur les origines comme on le voit faire. Et ce qui s'est montré dans le Nord s'est produit aussi dans le Midi, à la cour des Papes d'Avignon, où de curieux mélanges s'élaborèrent, commençant de France en Italie et d'Italie en France, un mouvement d'infiltrations réciproques, dont le Duc de Berry devait être l'un des patrons les plus qualifiés. Ainsi s'expliquent des faits singuliers, dont les petits panneaux à fond d'or de Madame Lippmann donnent l'idée, dont le Martyre de Saint-Denis consacre l'importance, dont le manuscrit des Très riches Heures de Chantilly constate l'étrangeté. De là sortiront les Van Eyck dans le Nord, un inconnu de l'Artois, dit le Maître de Flémalle, puis le Tourangeau Jean Fouquet, le Picard Charonton, le Provençal Froment, résultante de la précieuse fermentation d'un demi-siècle, Français, Flamands et Italiens tout ensemble, reconnaissables seulement à un accent de terroir, quoique parlant à peu près le même langage. Ce point de vue une fois perdu ou insoupçonné, tout redevient mystère. Fouquet est alors accusé de parodier

*Van Eyck, Froment de copier Van der Goes; plus rien ne se comprend de ce qui est cependant la chose la plus simple et la plus limpide. Fouquet ressemble à Van Eyck, parce que tous deux ont suivi le même enseignement, l'un dans les Flandres par Jean de Bruges ou tout autre; le second par les artistes du duc de Berry, élevés à pareille école. L'un a plus de génie, l'autre plus d'esprit; ne se valent-ils point au fond? Et ce qui sortira d'eux, dans le Nord, La Pasture ou Memling, chez nous l'admirable et merveilleux peintre que nous nommons le maître de Moulins, Bourdichon ou Perréal, Clouet même encore, s'annonceront comme le prolongement d'un même rameau d'origine. Accordons aux amoureux d'Italie que ces hommes eussent regardé les Italiens; ce n'est pas d'eux qu'ils ont pris leur esprit, ni leur splendide naïveté; les Italiens n'ont rien de semblable, ce sont des décorateurs païens.*

## II

*En art comme en toutes choses inventées et perfectionnées par l'homme, une cause sociale préside à la diffusion. Nos dialectes romans du Midi ont été surpassés par la langue italienne, celle des Papes de Rome; l'art moderne, naturaliste, débarrassé du hiératisme falot des moines grecs, trouva, chez les Valois de France, des agents d'expansion très singuliers. Et il est à noter que lorsque les Valois apparaissent chez nous, les Papes, leurs vrais rivaux, sont à Avignon, dans une circonscription d'influence pour le moins autant française qu'italienne. On ne pense guère à cela et pourtant cela fut. Les Italiens qui sont, avant tout, des décorateurs admirables, qui ont le climat et le ciel, ont perdu leur plus grande force, juste au temps où les nôtres s'émancipent et profitent de ce que perdent leurs voisins. Sans les guerres des Anglais, la France du Nord eût appelé à elle les génies du monde entier et les eût pliés à ses goûts. Comme tout découlait alors de la puissance royale, et que tout Roi des Romains que s'intitulât l'Empereur d'Allemagne, que tout Roi des âmes que s'estimât le Pape, il leur fallait compter avec le Roi de France, et en bien des cas subir sa volonté, l'un des plus grands centres directeurs des idées, au milieu du XIV$^e$ siècle, ce fut Paris. Pétrarque, le latin, déplore la soumission du monde à cette ville du Nord; mais il la constate. Il reconnaît que l'Italie pauvre ignore les luxes et les dépravations somptuaires de ces gens. Lui-même a dû prendre leurs habits, chausser leurs poulaines, employer leurs calligraphes et leurs enlumineurs. Ceux de son pays à lui sont ineptes « utinam non sint inepti ! » c'est-à-dire inférieurs. Ils restent voués à des conceptions antiques, démodées, sauf peut-être ce Simone Memmi dont la meilleur part vient d'Avignon où il demeure, à cause du commerce journalier avec les artisans du Nord. Est-ce donc Memmi qui a appris à Girard d'Orléans, à Jean Coste, et en général à tous les Parisiens de 1350, l'art d'imiter la nature, d'exprimer le vrai comme ils font tous? On l'a dit et répété, mais ces affirmations sont-elles en réalité si assurées, et les oserait-on soutenir en face du mouvement parisien constaté dans le XIII$^e$ siècle?*

# PRÉFACE

La famille des Valois qui arrive au trône de France dans le milieu du siècle est, par atavisme, amoureuse de gloire, de luxe, de fêtes. Les hommes en sont braves à la guerre, mais épicuriens, égoïstes et prodigues. Sur leurs goûts dépensiers un art nouveau se forme, que leurs contemporains, moins exaltés, jugeaient peut-être avec autant de sévérité que, de notre temps, les tenants du classique à l'égard des partisans d'un nouveau jeu. Tout de même leurs fantaisies d'alors prévalurent; il fallut bien que les dissidents comptassent avec elles, et que les traditions anciennes cédassent le pas. Au temps où Girard d'Orléans tentait de dire formellement le visage brutal de son maître, Jean le Bon, sans lui conserver l'allure déifiée et surhumaine que les peintres royaux attribuaient à leurs princes, on dut s'étonner peut-être. Cette « prise sur le vif », cette mainmise si audacieuse, irrespectueuse pourrait-on dire, ne déplut point ; on la verra recherchée et conservée à l'hôtel Saint-Pol, dans le palais même de Charles V, le fils du roi. Lui-même, le roi Charles ne s'ébahira point d'être montré sous sa vraie nature, avec son nez long et ses rides, dans le Parement d'autel du Louvre, dans le livre que Jean de Bruges illustra pour Jean de Vaudétar. Alors ces façons s'implantent, et lorsqu'on aura demandé à l'acteur d'un mystère de poser pour la figure du Christ, que la Vierge Marie aura été prise sur le modèle d'une maman quelconque — la femme du peintre souvent — qu'on aura admis ces irrévérences, le plus gros sera fait.

De proche en proche le mouvement gagne, parce que ces princes français qui en recherchent la nouveauté, sont apparentés à toutes les maisons d'Europe, et que, étant magnifiques et prodigues, les produits de leur terroir artistique s'en vont par le monde conquérir le voisin. Lorsque le Pape Clément est couronné en 1343, il reçoit la visite du futur Jean le Bon à Avignon où il réside. Or Jean le Bon apporte des présents avec lui, et parmi ces présents un diptyque parisien représentant Jésus et la Vierge, sur un fond d'or de peintre-sellier. Le Pape considère l'œuvre et s'en étonne. Simone Memmi ne compose guère de ces moyennes histoires, et surtout les figures venues de lui ont moins de vérité naturaliste.

Des quatre fils du Roi Jean, l'un, Charles V, aura la passion des livres illustrés, des cabinets de manuscrits ; l'autre, Philippe, qui deviendra duc de Bourgogne, l'amour de l'orfèvrerie, des tapis et des tableaux. On lui verra donner près de 400 livres d'alors, — mettons au moins 45.000 fr. d'aujourd'hui — à un panneau sorti de l'atelier du peintre Jean d'Orléans. Dans les Flandres, dont il deviendra le souverain, ses goûts français s'implantent. Aussi bien la plus grande part de la besogne est-elle faite, puisque les Flamands ont connu les artistes de Mahaut d'Artois et se sont parisianisés, comme aujourd'hui encore nos modes se portent à Bruxelles. Que des peintres de la Gueldre, comme les Limbourg, des Brugeois, ou des Néerlandais de Haarlem travaillent pour lui, Philippe le Hardi, duc de Bourgogne et comte de Flandres, aime à les entendre parler son langage à lui, et non le leur propre. Ce sont ces volontés supérieures qu'il faut comprendre lorsqu'on écrit l'histoire de l'art dans les Flandres. C'est pourquoi les Van Eyck naîtront tout naturellement de ce mouvement parisien importé, qu'ils en subiront les ukases, qu'ils ne feront que l'accentuer encore, parce qu'ils ont le génie et le don manuel supérieur. Un beau manuscrit anéanti, ces temps derniers, dans l'incendie de Turin, démontrait l'évidence de ceci, comme le manuscrit des Très riches Heures de Chantilly le prévoit et l'annonce.

Car en même temps que le duc de Bourgogne envahissait les Flandres, le duc de Berry son frère attirait en France et façonnait à ses propres besoins les artistes voyageurs. Plus raffiné, plus sensitif, mieux doué esthétiquement que ses frères, Jean de Berry formait des talents, leur imposait ses idées, les accordait à ses caprices. Épris de vie, de vérité graphique, il ordonnait que les paysages, reproduits en ses manuscrits ou sur ses tapisseries, montrassent « au près du vif », sur nature nous disons, les magnifiques châteaux de sa dépendance. Lorsqu'on apercevra, dans les Van Eyck, ces paysages aériens, si inattendus alors, si baignés d'air, on ne devra pas oublier que, devant qu'ils apparussent dans le monde, les artistes du duc de Berry, Limbourg ou autres, on ne sait, avaient jeté les bases de cette formule; bien mieux ils avaient donné les théories de toute une direction nouvelle, des canons que nous verrons rigoureusement suivis par Jean Van Eyck ou son rival le soi-disant Maître de Flémalle. Ce Maître de Flémalle est un mystérieux agent, une influence masquée dont les rapports avec les artistes des Très riches Heures ne peuvent être niés. Nous ne l'annexons pas à la France, comme on nous en a accusés, nous le produisons, afin d'entendre ce qu'on en pourra dire de sincère. Car si nous admettons les Limbourg comme les auteurs des Très riches Heures, ils ont travaillé en France dès leur enfance; ils ont vécu à Paris, en Touraine, en Berry, ils en ont dessiné les châteaux et peint la nature. Leur sosie, le maître de Flémalle, les a suivis aveuglément — s'il n'est l'un d'eux, le plus habile, le plus complet, — et c'est sur leurs brisées qu'il marche, ce sont leurs figures qu'il emprunte, leurs paysages et leurs colorations qu'il reprend à son compte. Voyez le duc de Berry à table dans les Très riches Heures, il a derrière lui un paravent d'osier bien peu ordinaire, rarement vu ailleurs; or la Vierge de Flémalle, appartenant à M. Salting de Londres, a aussi ce même paravent. C'est un point, ce ne serait rien si nous n'en avions mille autres à citer tous aussi troublants.

Il faut d'ailleurs se rendre aujourd'hui à l'évidence et reconnaître que l'expression de peinture flamande appliquée aux artistes du $XV^e$ siècle débutant, perd de sa valeur. La découverte des tableaux d'Enguerrand Charonton est venue miner cette appellation hasardée. Voici un tableau que plusieurs générations de savants qualifiés ont étudié, que les meilleurs d'entre eux attribuaient à Van Eyck, qu'un autre donnait au légendaire Van der Meire, qu'un seul, plus avisé, Renouvier, rapprochait de Jean Fouquet. Une pièce d'archives découverte par l'abbé Requin a détruit l'échafaudage des opinions amoncelées. L'œuvre est de Enguerrand Charonton, un Picard du diocèse de Laon, un Soissonnais, c'est-à-dire presque un Parisien; et comme il tient à Jean Fouquet par plus d'un point, que ses anges, notamment, se rapprochent de ceux de la Vierge de Jean Fouquet conservée à Anvers, on doit convenir que la Flandre est pour bien peu dans sa constitution artistique propre. Ce fait a pour nous la plus considérable importance, c'est la fissure dans une théorie surannée et un peu naïve, c'est un rude apport pour la vérité en marche. Une autre preuve nous est venue naguère : un second tableau de Charonton a été découvert à Chantilly, apportant au premier l'appoint complet et décisif. Et si l'on ajoute à ces divers constats, celui non moins probant de Nicolas Froment (ce peintre provençal né à Uzès, que Michiels revendiquait, dont il expliquait candidement les allures flamandes) l'autre preuve non moins forte apportée par le Maître de Moulins, ce descendant immédiat de Jean Fouquet, dont on faisait je ne sais quel Van der Goes, n'avons-nous pas lieu de reviser un peu le procès, de revenir sur les affirmations et de contrôler les dires intéressés? On dit que ces revendications ne servent de rien, que l'art n'a pas de frontières : bon ceci, nous l'accordons, nous louons même l'opinion, à condition expresse cependant que ceux dont les idées s'expriment ainsi, n'aillent précisément situer l'art ici ou là, en Italie ou en Flandre, un peu naïvement, par snobisme, par patriotisme ou souvent par pure ignorance.

Toutes ces idées ont été précisées ailleurs en des chapitres spéciaux, nous n'insistons donc pas pour l'instant; bien mieux, ce que nous tentons de prouver n'est pas contre les opinions de nos voisins dont la plus grande part, formée de savants éclairés et avertis n'attend rien de nos révélations. Ce sont les Français de France, que ces questions ne passionnent point, dont nous voudrions secouer la torpeur et remuer les indifférences. Il ne s'agit ni d'ergoter ni de faire des phrases, mais de voir et de comparer. En vérité pourquoi s'étonner que les Italiens aient eu sur nous quelque influence, si nous apercevons, au commencement du $XV^e$ siècle, même dès la fin du $XIV^e$, nos artistes répandus; nos princes, tel le duc d'Orléans, établi en Lombardie, marié à Milan; le duc d'Anjou roi de Sicile, puis son fils, dans un commerce constant avec les gens de là-bas, envoyant partout des tapisseries, de l'orfèvrerie, des statues et en recevant à leur tour? Comment, si nous étions quantité artistique si négligeable, les Milanais de 1398 solliciteraient-ils de l'un des nôtres la construction de leur dôme? Le duc de Berry dont nous parlions recherchait avec passion l'œuvre étrangère, comme on se plaît à servir sur sa table un fruit exotique; « l'ouvraige de Lombardie » qu'il goûtait fort, devint même, chez lui, une formule spéciale, internationale, que ses artistes du Nord exploitèrent à son caprice, sans pour cela avoir visité l'Italie ni vécu à Milan. Quant à prétendre, comme on le faisait naguère encore, un peu vite, dans un livre français, que, sans l'Italie, les nôtres n'eussent compté guère dans le monde, en vérité n'est-ce point revenir aux opinions des littérateurs d'un siècle en arrière? On jette Pisan dans la balance comme le Brenn son épée, et on opine que, sans Pisan, ni Fouquet ni personne chez nous n'eût connu la vie. N'est-ce pas justement aux naturalistes du Nord que le grand italien emprunta sa manière, à eux qu'il dut de la pouvoir perfectionner et rendre définitive? Trop de faits donnent raison à la seconde opinion pour qu'on puisse, sans arrière-pensée, nommer Pisano un révélateur, un initiateur génial, disons un créateur complet et décisif. N'aurait-on pas jadis célébré Gentile du Fabriano comme l'inspirateur des Limbourg pour les miniatures des grandes Heures? Or, voilà qu'on a montré sans réplique l'antériorité de près de dix ans en faveur des Limbourg (1). N'a-t-on pas donné Margaritone d'Arezzo pour l'inventeur des préparations de plâtre et des fonds d'or? Il naît juste au moment où Étienne Boileau décrit le procédé dans le Livre des Métiers. Il en est du prétendu caractère italien, comme du caractère flamand, défions-nous de l'examen superficiel et des idées révélées. Évitons de nous prononcer trop vite, de nommer, de jeter un nom ici ou là ; Charonton en est la preuve. Et lorsque nous venons insinuer que Jean Fouquet a été chercher en Italie certains secrets, qu'il a emprunté à Pisan ses chevaux, à d'autres ses architectures, voyons mieux l'œuvre directe de ses prédécesseurs français. Les artistes du duc de Berry lui ont laissé les fameux modèles, dits de Lombardie, qu'il s'est appropriés bien vite. En tout cas ce n'est pas aux Italiens qu'il aurait demandé la formule du paysage; au temps où il visita l'Italie, pas un artiste italien ne lui pouvait être comparé sur ce point, ce n'est pas à eux non plus qu'il aura demandé son ironie mordante, cet esprit des choses, sa phrase à la fois idéale et naturaliste qu'on devra comparer à celle de Benozzo Gozzoli, pour se convaincre de sa supériorité.

De tout ce qui précède je souhaiterais dégager une conclusion sereine. Nous ne voulons rien revendiquer que de juste, et puisqu'on a cantonné jusqu'à présent la floraison artistique dans tel ou tel jardin, aux dépens des autres, nous voudrions qu'on cherchât si toutes les belles fleurs admirées sont nées sur le sol où on les admire tant. Nos vieux gothiques ont eu dans le monde une certaine gloire, ils ont eu sur leurs voisins une influence suffisante, pour qu'on cherche à la préciser encore mieux. Admettrons-nous que Pisano, déjà cité, ait interrogé les Giottesques avant d'en arriver à sa note dernière, ou que son attention se fût portée sur les statuaires naturalistes du Nord? Il y eut, chez lui, des uns et des autres; de même que les Van Eyck ne tombèrent pas certain jour à la façon d'aérolithes inattendus, qu'ils n'inventèrent ni la peinture à l'huile, ni le paysage aérien, les grands Italiens n'eurent pas l'exclusif privilège des génies créateurs. Ils furent devancés par d'autres que nous ignorons, que nous cherchons, mais qui ne furent peut-être ni les Grecs ni les Romains.

---

(1) Une miniature des Limbourg reproduit librement une fresque de Giovanni da Milano à Florence. Mais ce Jean de Milan, quel est-il? D'où vient-il? N'oublions pas que des Français du nom de Jean sont alors en Italie, et je ne puis m'empêcher de penser aux Très riches Heures lorsque je vois les fresques de Florence dues à Jean de Milan.

# LISTE
DES
# PRINCIPAUX PEINTRES FRANÇAIS
### 1292 - 1500

1292 NICOLAS (parisien) à Paris, rue Violette.
— JEHAN PINON (parisien).
— JEHAN I D'ORLIENS ou d'Orléans.
— JEHAN (parisien).
— EUDE DE CHARMENTIÉ et trois enfants (apprentis).
— NICOLAS D'AUNAY (parisien).
— JEHAN LE QUEUX (parisien).
— ROBERT (habitant la rue Richebourg).
— Outre ces peintres qui paient des impôts sérieux (Nicolas paie 6 livres, ce qui est énorme alors, les autres de 12 à 15 sous seulement, on trouve des personnages moindres).
— ÉTIENNE D'AUXERRE, qualifié de « mestre », ne paie que 8 sous. Il est évidemment à ses débuts de maîtrise et n'est point arrivé encore.
— GEOFFROI LE BRETON.
— GUILLAUME LE BRETON.
— HONORÉ, enlumineur.
— BERNARD (id)
— SIRE EUDE.
— Ce n'est qu'en 1304 que, d'après M. Bernard Prost, le roi a des peintres attitrés.
1304 ÉTIENNE D'AUXERRE (valet à la cour à 3 sous par jour).
1305 ÉRARD ou ÉVRARD D'ORLÉANS + ap. 1346.
1317 JEAN DE L'OCRE, peintre de la reine.
1321 JEAN D'AUXERRE + 1323.
1322 JEHAN D'AUTEUIL. + 1327.
1344 GIRARD D'ORLÉANS. Ce peintre célèbre mourut en 1378.
1349 JEHAN COSTE, mort après 1356.
1361 JEHAN GAUCHIER, dit d'ORLÉANS. C'est sous la direction de Jehan d'Orléans que les peintres-selliers et les peintres-imagiers se séparent en 1391 pour former la corporation des peintres telle que nous la comprenons aujourd'hui. Il meurt après 1408, chez le duc de Berry.
1371 JEHAN DE SAINT-OMER (parisien) + ap. 1380.
— JEAN DE BONDOLF ou Bondouile, dit de Bruges.
1372 ANTOINE DE COMPIÈGNE + 1414.
— JACQUEMARD DE HESDIN, enlumineur.
1375 JEAN DE BEAUMETZ, qualifié de « peintre de Paris ». Mort après 1393.
— MICHEL SALMON ou SAUMON, chez le duc de Berry + ap. 1416.

1376 JEAN D'ARBOIS (Giovanni de Arbosio) premier peintre de Philippe le Hardi, duc de Bourgogne, travailla en Italie comme Michelin de Vesoul (1371-1375).
— ÉTIENNE LENGLIER (au duc de Berry, c'est un peintre de Bourges).
— GUILLEMIN DES CHAMPS.
1390 COLART DE LAON. Ce peintre parisien était chargé par le roi de remettre des tableaux flamands à la mode française (Arch. de l'art français, V, 182 (1397). Valet de chambre de Valentine Visconti. Peut-être le maître d'Enguerrand Charonton de Laon?
— JEAN DE SAINT-ÉLOI       ) Collaborateurs de Co-
— PERRIN DE DIJON           } lart de Laon à Paris.
— COLIN DE LA FONTAINE  )
— FRANÇOIS D'ORLÉANS, fils de Jean d'Orléans et son successeur à la cour du roi Charles VI. Né vers 1360, il est chambellan du roi en 1404 à cent sous parisis, mort après 1422.
1398 JEAN MALOUEL, à Dijon — il est aussi nommé Manuel. — c'est un Gueldrois, établi en France et marié à une Dijonnaise. Oncle des frères Limbourg.
— JEAN MIGNOT de Compiègne, peintre et architecte. Appelé à Milan pour construire le dôme.
— MICHELIN DE VESOUL. (Michelino da Vesulio, Vesuccio, devenu Michelino da Bezozzo) peintre italianisé qui peignit les fresques du palais Borromée.
— JACQUES CÔNE, originaire de Bruges, peintre établi à Paris. Il passa à Milan pour y construire le dôme, conjointement avec Jean Mignot de Compiègne. Il était architecte, peintre et miniaturiste. Il se nomme aussi Conard.
— Tous ces peintres sont antérieurs aux Van Eyck, leurs formules sont celles que les Flamands adopteront dès les commencements du XV$^e$ siècle. Melchior Broderlaus d'Ypres, le premier de ceux-ci, est de leur observance stricte. Mais indépendamment de ces noms, les villes de province, Tours, Angers, Poitiers, Limoges, Toulouse, Lyon, Besançon, Avignon surtout, renferment quantité d'artistes dont la liste serait longue et dont on ne connaît pas les œuvres.

## XV° SIÈCLE

La plupart des peintres dont nous venons de parler, vivent encore chez nous au commencement du xv° siècle Il ne nous est malheureusement resté très peu de chose d'eux. La Vierge protectrice du Puy, le portrait du duc d'Anjou, Louis II, à l'aquarelle, seraient des spécimens de leur art déjà très avancé. (Pl. XXII et XXVIII).

1431 HENRI MELLEIN, peintre de Bourges. Il est exempté de taille en 1431, ce qui le suppose âgé d'au moins trente ans.

— OLIVIER COLIN, peintre de Tours.

— HANS POULEVOIR, naturalisé français.

1447 BARTHÉLEMY DE CLERCQ, peintre de René d'Anjou à Tarascon.

— Arrivée, à Avignon, d'Enguerrand CHARONTON, peintre du diocèse de Laon, dont nous connaissons aujourd'hui deux œuvres capitales, le *Triomphe de la Vierge* (Pl. XLI) et le *Retable des Cadard* (Pl. XLIII).

1452 PIERRE VILLATE d'Avignon, collabore avec Charonton au tableau de Cadard. Il travaillait encore en 1501.

— JEHAN FOUQUET, et non Fouquel comme on l'écrit d'après l'orthographe de Robertet. Le plus grand peintre français du xv° siècle, miniaturiste, émailleur et peintre, probablement sculpteur et architecte, dont les œuvres sont connues + ap. 1480.

— ALAUT FOLASTRON, de Tours.

1474-75 NICOLAS FROMENT, d'Uzès, peintre du roi René. Nicolas Froment a exécuté la *Résurrection de Lazare* des Offices de Florence en 1461 ; il est donc un contemporain immédiat de Jean Fouquet et de Roger Van der Weyden.

— Indépendamment de Nicolas Froment, d'Enguerrand Charonton et de Villate, l'école d'Avignon possède deux artistes dont les œuvres sont à retrouver. L'un, Changenet, est un Bourguignon, l'autre, Thomas Grabussel, est Franc-Comtois de Besançon. On a pensé à ce dernier, mais sans preuves, pour le tableau de l'*Annonciation* de la Madeleine d'Aix.

— COLIN d'Amiens, peintre de Louis XI.

1484 JEAN BOURDICHON, de l'école de Tours, est peintre du roi ; il quittera la cour en 1520.

— OLIVIER SCHUFFELIN, peintre d'Angers.

— JEAN PERRÉAL, dit Jean de Paris, travaille à la cour des Bourbons, et en 1487, est attaché à cette cour. C'est lui qui doit être identifié avec le Maître dit de Moulins. Cet artiste qui procède à la fois de Fouquet et des Avignonnais, est un chef d'école, un artiste comparable aux plus grands Flamands qu'il surpasse par la beauté et l'élégance de ses modèles. Il mourut à la cour de France en 1527.

— JEAN POYET, peintre de Tours, travailla au Livre d'Heures d'Anne de Bretagne.

— HENRI LALLEMAND, probablement un étranger.

Nous arrêtons ici cette liste que nous eussions facilement décuplée, si nous avions voulu tenir compte des indications relevées dans les registres royaux.

De récents travaux nous ont fait connaître le nom d'une centaine d'artistes dont les œuvres restent indécises. Le tableau d'Enguerrand Charonton et de Pierre Villate, exécuté pour les Célestins d'Avignon au temps où Jean Fouquet peignait le portrait d'Étienne Chevalier, a été identifié par nous, depuis la première livraison de cet ouvrage, grâce aux mentions d'archives publiées par M. l'abbé Requin sur les artistes d'Avignon. On ne devra donc pas tenir compte des hypothèses émises, à leur sujet, dans les notices des Pl. LI, LII, LV, qui étaient imprimées avant l'identification du tableau de Charonton et de Villate au Musée Condé à Chantilly (Cf. *Gazette des Beaux-Arts*, n°s du 1er juin et du 1er juillet 1904).

En résumé :

Dans la répartition des influences, c'est, dans le Nord, Paris qui domine au XIII° siècle, grâce à la puissance du Roi, aux écoles, et aux architectes, sculpteurs et peintres-verriers.

Au commencement du XIV° siècle, l'art français remonte vers le nord, s'établit à Hesdin, puis en Comté, en Avignon, en Touraine. Vers la fin du siècle, il est en Touraine, en Poitou, en Bourgogne, en Flandre et dans la Picardie et l'Artois. Paris décline un peu.

Au commencement du xv° nous le voyons solidement établi en Touraine et en Bourgogne, en Anjou, à Paris et en Provence. Dans cette dernière province, l'art français prend la suprématie sur les descendants des Siennois. Dans le milieu du siècle, la Touraine, l'Anjou, la Provence, le Languedoc et Paris sont des centres d'art dont les liens sont assez étroits entre eux. A la fin, et parallèlement aux Flamands, les maîtres français grandissent et fournissent Jean Fouquet, Jean Perréal, ou le Maître de Moulins et Bourdichon. Avignon emploie des hommes du Nord ou des élèves de ces hommes : Charonton, Nicolas Froment, etc. Mais qu'on y prenne garde, ces artistes ne sont pas de la descendance des Van Eyck comme on l'a trop dit. Ils se sont formés dans une marche concurrente. Enguerrand Charonton, de Laon, est plus près du Fouquet ou de l'Angelico, et plutôt descendant des Tourangeaux du duc de Berry que de Jean Van Eyck. C'est dans cette voie qu'il faut marcher pour aboutir, et non avec cette pensée que tout vient des Flandres ou de l'Italie. Cette descendance illustre est loin d'être prouvée, elle souffre de trop de contradictions pour l'instant, grâce aux récentes découvertes, aux confrontations fournies par l'Exposition des Primitifs français. N'allons pas plus loin. Contentons-nous de reprendre notre bien où il se trouve, et ne proposons aux gens de bonne volonté que des certitudes ou des vraisemblances.

Le succès de l'Exposition des Primitifs et la conscience d'avoir fait œuvre de bonne foi sont tout ce que les organisateurs revendiquent pour l'instant. Le mouvement est enfin créé, il ne s'arrêtera plus.

# TABLE DES PLANCHES

| NUMÉROS des PLANCHES | |
|---|---|
| I | Portrait de Jean II dit Jean le Bon par Girard d'Orléans. |
| II | Diptyque. La Vierge sur son Trône. La Crucifixion. |
| III | Fragment de la tapisserie de l'Apocalypse. |
| IV | Le Parement de Narbonne, partie centrale. Charles V et Jeanne de Bourbon. |
| V | — partie de gauche. |
| VI | — partie de droite. |
| VII | La Trinité et les Évangélistes. |
| VIII | La Mise au Tombeau. |
| IX | Pietà, par Jean Malouel. |
| X | La Vierge et l'Enfant par Jean Malouel. |
| XI | Volets d'un Edicule gothique. Scènes de la vie de la Vierge et de Jésus-Christ. |
| XII | Antependium. Le Jugement dernier. La Résurrection des corps. |
| XIII | Martyre de Saint-Denis, par Jean Malouel. |
| XIV | Pietà attribuée à Jean Malouel. |
| XV | Adoration des Rois. Mort de la Vierge. |
| XVI | Quadriptyque. Scènes de la vie du Christ. |
| XVII | Quadriptyque. Scènes de la vie du Christ et de la Vierge. |
| XVIII | Saint Jérôme et le lion. |
| XIX | Diptyque. Le roi Richard II aux pieds de la Vierge. |
| XX | L'Annonciation. |
| XXI | Les Juifs en Égypte. |
| XXII | La Vierge Protectrice. |
| XXIII | Le Duc de Berry à table. |
| XXIV | La Vierge et l'Enfant, par le Maître dit *de Flemalle*. |
| XXV | La Vierge glorieuse, par le Maître dit *de Flemalle*. |
| XXVI | L'Adoration des Bergers, par le Maître dit *de Flemalle*. |
| XXVII | Jean sans Peur recevant un manuscrit des mains de J. Hayton. |
| XXVIII | Portrait de Louis II d'Anjou, roi de Sicile. |
| XXIX | Portrait de Jean Fouquet (émail). 2° Sainte Marguerite et Olybrius par Jean Fouquet. |
| XXX | Charles VII, par Jean Fouquet. |
| XXXI | Portrait de Guillaume Jouvenel des Ursins, par Jean Fouquet. |

| NUMÉROS des PLANCHES | TABLE DES PLANCHES |
|---|---|
| XXXII | Entrée de l'Empereur Charles IV à Saint-Denis, par Jean Fouquet. |
| XXXIII | La Vierge mère sous les traits d'Agnès Sorel, par Jean Fouquet. |
| XXXIV | Etienne Chevalier et son patron, par Jean Fouquet. |
| XXXV | Portrait d'un Homme en 1476, par Jean Fouquet. |
| XXXVI | L'Homme au verre, par Jean Fouquet. |
| XXXVII | L'Homme à la flèche, par Jean Fouquet. |
| XXXVIII | Portrait d'un Légat en France. |
| XXXIX | Tapisserie à fond tricolore avec personnages. |
| XL | Le Roi Louis XI tenant un Chapitre de l'ordre de Saint-Michel, par Jean Fouquet. |
| XLI | Le Triomphe de la Vierge, par Enguerrand Charonton. |
| XLII | — — Le Buisson ardent. La messe de Saint-Grégoire et les Limbes. |
| XLIII | La Vierge protectrice des Cadard, par Enguerrand Charonton et Pierre Villate. |
| XLIV | Portrait d'Homme, Ecole de Fouquet. |
| XLV | Ecce Homo. |
| XLVI | Saint Siffrein, par Nicolas Froment. |
| XLVII | Le Buisson ardent, par Nicolas Froment. |
| XLVIII | partie centrale. |
| XLIX | — volets de gauche et de droite. |
| L | Le Roi René et Jeanne de Laval vers 1480. |
| LI | La Résurrection de Lazare, par Nicolas Froment. |
| LII | L'Extase de Pierre de Luxembourg. |
| LIII | L'Annonciation. |
| LIV | Le Miracle de Saint Mitre, École de Nicolas Froment. |
| LV | Pieta, École de Nicolas Froment. |
| LVI | La Résurrection de Lazare, par Nicolas Froment. |
| LVII | Sainte Catherine et Saint Lazare, Ecole de Nicolas Froment. |
| LVIII | Un Donateur et Saint Clément. |
| LIX | L'Homme à l'œillet. |
| LX | L'Enfant Jésus adoré par un Chevalier et un Evêque. |
| LXI | Pietà au Donateur. |
| LXII | Saint Michel et le Dragon. |
| LXIII | Saint Honoré, Evêque d'Amiens. |
| LXIV | La Vierge mère. |
| LXV | Les quatre Pères de l'Eglise. |
| LXVI | Le Diptyque de Jeanne de Bourbon. |
| LXVII | Triptyque du Palais de Justice, ensemble. |
| LXVIII | — — partie de gauche, partie de droite. |
| LXVIII bis | Saint Charlemagne. |
| LXIX | Triptyque de Loches. Le Portement de Croix, la Crucifixion, la Mise au Tombeau. |
| LXX | — Le Portement de Croix, l'Ensevelissement du Christ. |

| NUMÉROS des PLANCHES | TABLE DES PLANCHES |
|---|---|
| LXXI | Marguerite de Rohan, Comtesse d'Angoulême, grand'mère de François Ier. La Mise en Croix. |
| LXXII | Triptyque de Moulins. Pierre II de Bourbon et Anne de Beaujeu, par le peintre des Bourbons, ensemble. |
| LXXIII | — — partie centrale. |
| LXXIV | — — volets des côtés. |
| LXXV | — — revers. |
| LXXVI | Charles IV d'Anjou, en avoué chevalier de Saint-Victor de Marseille, par le peintre des Bourbons. |
| LXXVII | Portrait de Pierre II, duc de Bourbon, par le peintre des Bourbons. |
| LXXVIII | Anne de Beaujeu, duchesse de Bourbon, — — |
| LXXIX | Portrait de Suzanne de Bourbon, — — |
| LXXX | La Vierge et l'Enfant, — — |
| LXXXI | La Vierge glorieuse. |
| LXXXII | La Donatrice et la Madeleine, par le peintre des Bourbons. |
| LXXXIII | La Nativité avec le cardinal Rolin, — — |
| LXXXIV | Le Dauphin Charles Orland, par Jean Bourdichon. (?) |
| LXXXV | Portrait du cardinal Charles de Bourbon, par le peintre des Bourbons. |
| LXXXVI | Charles VIII et Pierre II de Bourbon visités par Saint Michel, par le peintre des Bourbons. |
| LXXXVII | Charles VIII. Anne de Bretagne. |
| LXXXVIII | Le Couronnement de la Vierge. |
| LXXXIX | La Mort de la Vierge. |
| XC | Pietà. |
| XCI | Le Mariage mystique de Sainte Catherine. |
| XCII | La Vierge et deux Donateurs. |
| XCIII | Saint Georges et le Dragon. |
| XCIV | Sainte Anne et la Vierge. |
| XCV | Les quatre États de la Société, par Jean Bourdichon. |
| XCVI | La Résurrection de Lazare, des Heures d'Anne de Bretagne, par Jean Bourdichon. |
| XCVII | Calvaire et diverses scènes de la Passion. |
| XCVIII | Portrait de Femme. |
| XCIX | Calvaire avec la vue de Saint-Germain-des-Prés. |
| C | Sacre de David et Sacre de Louis XII. |

# ERRATA ET ADDITIONS

Pl. III (Planche). Lire *Jean* Bandol et non *Henri* Bandol.

Pl. VIII (Texte). Lire 1390 et non 1380.
La plupart des personnages rencontrés dans ce tableau sont empruntés aux *Très riches Heures* du duc de Berry, notamment le personnage à la calotte, les saintes femmes.

Pl. XXII. Nous voyons ce thème de la Vierge de miséricorde employé à Avignon dès 1441, 12 ans avant Charonton, par P. de La Barre.

Pl. XXVIII (Planche). Lire 1412 et non 1410.

— (ligne 22). On pourrait ajouter un fait plus important. Ce même portrait est copié dans les Grandes Heures du duc de Berry à la Bibliothèque nationale, *Saint Pierre recevant le duc de Berry et ses frères en Paradis*, vers 1395-1400.

Pl. XXXI (Planche). Lire 1465 et non 1460.

Pl. XXXVIII (Planche). Lire 1464 et non 1458.

Pl. XLIII (ligne 7). Transporté sur toile par M. Reiset.

Pl. LI. Cette notice composée avant la découverte du tableau de Charonton, n° XLIII, comporte des remarques qui seront rétablies d'elles-mêmes en lisant la notice du n° XLIII.

Pl. LII. Même remarque pour les réflexions de la fin.

Pl. LIII (ligne 14). Cette grisaille est reproduite à la pl. XVIII.

Pl. LIII. M. Hulin rapproche l'artiste de ce tableau du Suisse Conrad Wytz. Il suffit de comparer les deux saintes de Conrad Wytz exposées à Dusseldorf (n° 239) de l'*Annonciation* d'Aix, pour se convaincre du peu de vraisemblance de l'assimilation.

Pl. LV (ligne 14). Le retable de Boulbon est entré au Louvre, grâce à l'Exposition des Primitifs. Nous n'avons pu le faire figurer ici.

Pl. LV (ligne 22). Au lieu du chiffre 71, lire pl. XLI et XLII (même remarque ligne 31). La réflexion finale est à changer sur le vu de la pl. XLIII.

Pl. LV (ligne 30.) Un graffitte du cadre, écrit en capitales du xv° siècle, appelle ce prêtre HONORAT RVOSSET. A remarquer sur la planche, dans les légendes, la lettre D majuscule qui est celle adoptée par Nicolas Froment. Pl. XLVIII.

Pl. LXXVI (Planche). Lire 1480 et non 1488.

Pl. LXXX. L'ange de droite ouvrant les mains a été imité au xvi° siècle par le prétendu J. Mostaert, auteur du célèbre tableau de *la Deipara* du musée d'Anvers.

Pl. LXXXVI (Gravure et texte). Lire partout 1490 et non 1489.

Pl. LXXXVIII. On a nommé Barthélemy Bruyn à propos de ce tableau, sans aucune raison, sauf les analogies de visage de la Vierge mourant avec un tableau exposé à Dusseldorf sous le n° 66.

Pl. LXXXVIII-IX. (Texte et gravure). 1495-96.

Pl. XC (Texte). Lire 1480 et non 1510.

# PORTRAIT DU ROI JEAN LE BON

PAR GIRARD D'ORLÉANS, vers 1358

Planche I

Cette effigie royale est en ce moment la plus ancienne peinture de ce genre connue en Europe ; c'est, comme on peut très bien s'en rendre compte par la reproduction, un travail de peintre-sellier ; l'artiste avait appliqué sur le panneau de bois une toile-canevas assez fine, et, sur cette toile, il avait étendu un mastic d'une certaine épaisseur, destiné à recevoir le fond d'or. Sur ce fond brillant il avait dessiné un profil au pinceau, et ensuite, avec un mélange de couleurs à la détrempe, et peut-être à l'œuf, il avait cherché les modelés de la physionomie. L'œuvre une fois terminée, les bords du fond d'or avaient été poinçonnés en creux, à l'aide de petits outils, dans le genre de ceux dont se servent encore les relieurs. Nous avons donc ici un spécimen vénérable des œuvres de la corporation des peintres-selliers, dont les statuts avaient été rédigés et promulgués dès le milieu du XIII$^e$ siècle à Paris. C'est le procédé employé par le peintre du roi Jean, qui était courant chez nous dès le milieu du XIII$^e$ siècle pour les travaux de peinture appliqués sur les meubles et les panneaux, d'où naquit le tableau portatif. A ce compte, le portrait dont nous nous occupons est en ce moment le document le plus considérable de la peinture mobile.

Il a son histoire : il y avait autrefois à l'hôtel Saint-Paul à Paris, habité par le roi Charles V, un tableau de famille comprenant quatre pièces : Charles V ; Édouard III d'Angleterre, oncle de Charles V ; Jean le Bon son père, et l'empereur Charles IV. Ces tableaux étaient reliés entre eux par des charnières, mais n'étaient peut-être pas des originaux. Lors de la démolition de l'hôtel Saint-Paul, au XVI$^e$ siècle, et l'éparpillement des collections, les Gouffier, alors très bien en cour, purent obtenir du roi François I$^{er}$ le portrait du roi Jean. Ce qui est certain, c'est que le portrait dont nous nous occupons a été retrouvé par Gaignières en 1700 dans les collections du château d'Oyron provenant des Gouffier. C'est Dom Charles Conrade, moine de Saint-Jouin-de-Marnes, en Poitou, qui découvrit le portrait et l'envoya à Gaignières. (Le roi Jean avait été trop grand pour être mis dans une petite boîte avec d'autres pièces, dont le lot complet montait à 40 francs.) Lors de la vente de Gaignières, le collectionneur, en 1717, le portrait du roi Jean fut retenu par le Régent pour être placé dans les collections royales. Depuis lors, il fit partie du trésor royal ; on y fit quelques retouches, dans le col de l'habit, qui portait des garnaches, au temps de Gaignières ; il n'en a plus aujourd'hui.

Le roi Jean, né en 1319, paraît dans son portrait une quarantaine d'années. Il y a tout lieu de croire que si le portrait du roi Edouard III, son vainqueur, était lié au sien, c'est que ces deux œuvres avaient été exécutées en Angleterre, pendant la captivité du prince, aux environs de 1359. En ce temps, le roi avait laissé pousser sa barbe, et il avait auprès de lui son peintre

Girard d'Orléans, *peintre-sellier*, son valet de chambre, qui ouvra de son métier en Angleterre, comme le prouvent les mentions d'un compte publié par M. le duc d'Aumale. Il se pourrait toutefois que l'œuvre ne fût qu'une répétition ou une copie de l'original. Au temps même de Gaignières, M. Joly de Blaisy, magistrat dijonnais, possédait également un portrait du roi Jean, de tous points semblable à celui-ci. Très vraisemblablement, chacun des enfants du roi avait reçu un tableau de quatre pièces pareil à celui du roi Charles V, et le portrait du roi Jean, retrouvé chez M. Joly, était celui du duc de Bourgogne, Philippe le Hardi. Dans toutes les hypothèses, le fait pour ce panneau d'avoir passé chez le roi Charles V lui assure une authenticité dont bien peu d'œuvres anciennes peuvent se réclamer.

Le portrait appartient aujourd'hui au Département des Estampes de la Bibliothèque nationale; en temps ordinaire, il est prêté à l'exposition des manuscrits pour être placé dans une vitrine. On pourra le comparer à divers petits portraits du duc Jean de Berry retrouvés dans les *Petites heures* de ce prince (ms. lat. 18014) il semblerait que le miniaturiste se fût servi du portrait du père pour exécuter celui du fils.

Haut. 0m91, Larg. 0m41               BIBLIOTHÈQUE NATIONALE, DÉPARTEMENT DES ESTAMPES.

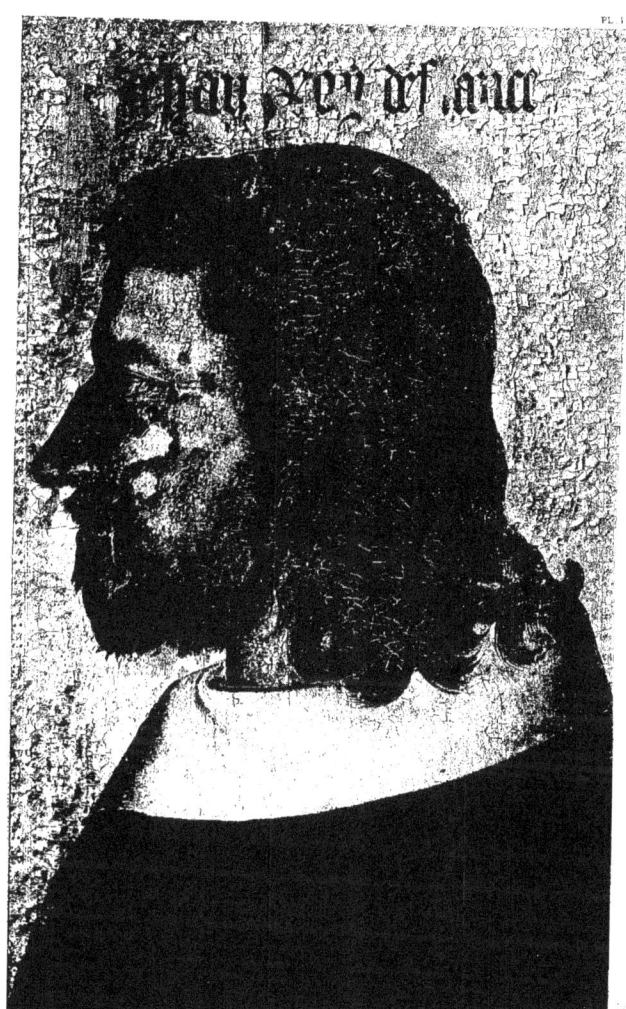

PORTRAIT DE JEAN II DIT LE BON
par Girard d'Orléans ? 1359
(Bibliothèque nationale Paris)

# LA VIERGE ET DES SAINTS — LA CRUCIFIXION

DIPTYQUE ANONYME VERS 1380

PLANCHE II

Ce petit diptyque, si heureusement conservé intact, dans son cadre de bois doré et décoré de pierres, a été légué au Musée du Bargello de Florence par le collectionneur Carrand. Son origine est inconnue; toutefois certaines mentions des comptes du duc de Berry publiés par M. J. Guiffrey nous permettent de conjecturer que l'œuvre est dans le style de divers tableaux anciens énumérés dans les inventaires. Les enchâssements de bijoux étaient fréquents alors dans les tableaux français. Un petit tableau de bois « bien ancyen » appartenant au duc de Berry en 1416 montrait une N. D. portant sur la poitrine « un petit fermail d'or en façon d'une estoille garny d'un petit ruby au milieu et de XII petites perles autour » (Guiffrey n° 61); quant à la forme du diptyque à pignons, nous la trouvons également indiquée au n° 36 du même livre de M. Guiffrey, « Item ung tableau de boys à pignons de la vie de Mgr saint Lorent, etc... ». Tous ces tableaux précieux et enrichis de pierres s'enfermaient dans des étuis en cuir bouilli. On paie un étui de ce genre à Pierre du Fou coffrier, pour « mettre et porter ungs tableaux que a faiz Jehan « d'Orléans peintre et varlet de chambre du Roy nostre Sire. » *(Arch. de l'art français* V, 178). Et que peut être le tableau repliant du même Jehan d'Orléans contenant deux histoires?

On voit par ces indications précises que le diptyque de la collection Carrand est de la famille des tableaux parisiens possédés par le duc de Berry ou exécutés par Jean d'Orléans. Nous nous garderons de formuler la moindre hypothèse cependant. Mais nous devons signaler l'opinion des critiques italiens les plus éminents qui se refusent à enrôler le diptyque Carrand dans les œuvres de leur pays. Pour notre compte, nous y apercevons une fois de plus l'un de ces travaux mixtes, internationaux si l'on veut, où diverses écoles ont marqué leur empreinte, et que le duc de Berry nommait « l'ouvraige de Lombardie ». Nous avons signalé déjà les rapports étroits entre les peintres du duc et les praticiens milanais. C'est probablement à ces derniers que les professionnels français avaient emprunté l'ornementation des robes, et non aux Flamands, dont la personnalité ne se dégageait point nettement encore, et qui restaient sous l'influence française, témoin Broderlam.

Il y aurait lieu de présenter certaines remarques et d'indiquer les rapports assez marqués entre le diptyque de la collection Carrand et le *Parement de Narbonne* décrit ci-après (Pl. III-V.) D'abord on voudra bien comparer les deux Christs en croix qui sont identiques et de même style expressément. Le centurion à bonnet pointu et à queue de cheveux aperçu dans le *Parement* (Pl. IV) est vu de face dans le diptyque Carrand, coiffé du même chapeau. Les assistants, et les quatre figures de prophètes du second étage du diptyque sont dans les données des figures de Pucelle, reprises par Jean de Bruges pour les tapisseries de l'*Apocalypse*. Quant à l'encadrement trilobé des pinacles du cadre, il est dans le goût des entourages architectoniques du *Parement*.

Les plis d'étoffe, les draperies sont de même recherche. Les anges musiciens du haut ont des tuniques plaquées sur le corps, comme ceux du *Parement*. Je ne parle pas du système d'architecture développé dans l'ornementation du cadre, avec gâbles rosaces, qui sont de concordance absolue avec les travaux parisiens, et le style général de la Sainte Chapelle. Ce sont là des caractères qu'on ne rencontre ni dans les contrées néerlandaises, ni dans les centres d'art italiens du xiv$^e$ siècle. Nous sommes donc fondés à attribuer à un artiste de l'Ile-de-France le diptyque Carrand, comme nous donnons à l'un d'eux le diptyque de Lord Pembroke. Quant à voir dans ce travail une ingérence de Broderlam, ainsi que l'ont voulu faire certains critiques préoccupés de mettre des noms sur les œuvres, l'opinion ne se soutient guère. Broderlam ne décorait pas les robes de ses personnages ; il restait simple.

Le diptyque de la collection Carrand, gracieusement prêté par le Musée du Bargello, serait donc un des spécimens les plus intéressants et les plus probants de l'Ile-de-France à la fin du xiv$^e$ siècle. Son cadre historié et orné de pierres ne nous laisse aucun doute. Ce fut vraisemblablement l'un de ces travaux comme nous en trouvons mentionnés sous le nom de Jean d'Orléans, et d'autres aux livres des comptes royaux ou princiers. C'est un objet digne de nos plus grands respects.

Bois. Haut. 0$^m$90, Larg. 0$^m$63       MUSÉE DU BARGELLO, *FLORENCE*

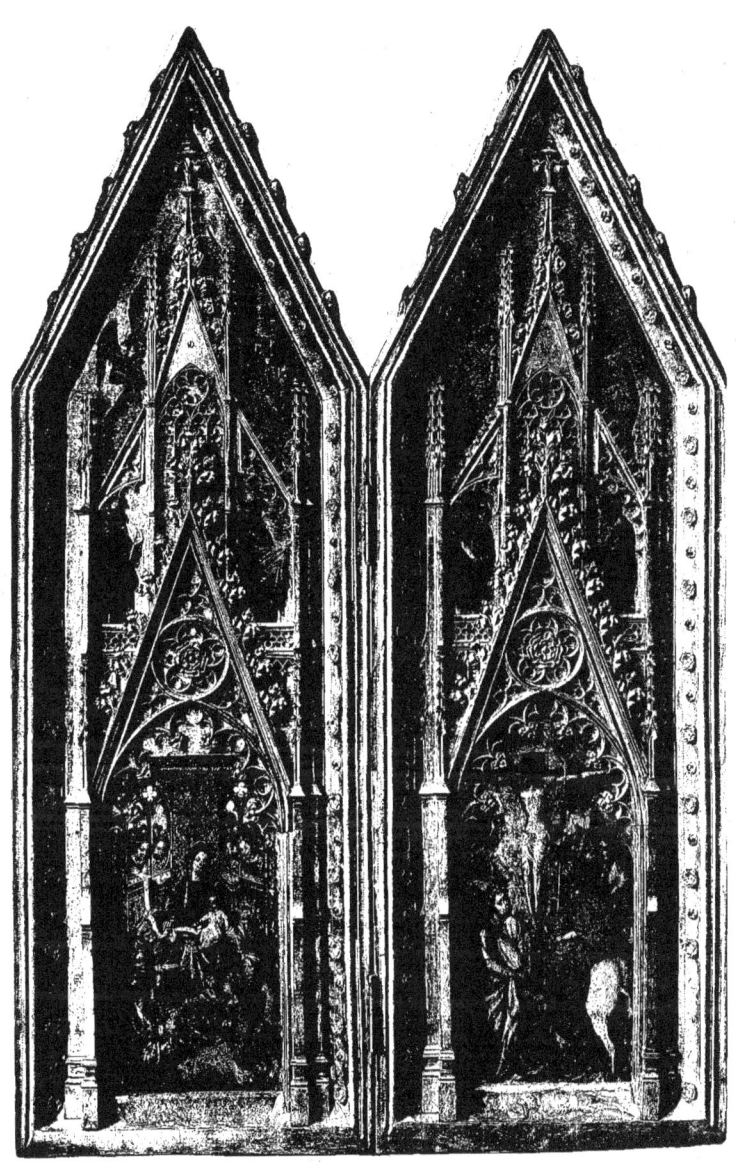

DIPTYQUE
LA VIERGE SUR SON TRÔNE — LA CRUCIFIXION
École française XIVe siècle
(Musée du Bargello, Florence.)

# FRAGMENT D'UNE TAPISSERIE DE L'APOCALYPSE

### 1375-1380, PAR JEAN BANDOL ET NICOLAS BATAILLE

LE DRAGON A SEPT TÊTES SORT DE L'ENFER ET MARCHE CONTRE LA CITÉ DÉFENDUE PAR LES SOLDATS FIDÈLES

#### Planche III

Les cartons de cette tapisserie comprenant 90 sujets ont été exécutés d'après un manuscrit de l'Apocalypse aujourd'hui à la Bibliothèque de Cambrai, par Jean Bandolf ou Bandol, dit de Bruges, peintre du roi Charles V. Cette tenture en laine commandée par le duc d'Anjou Louis I, frère du Roi, fut exécutée à Paris par le tapissier Nicolas Bataille. Les initiales du duc Louis I et sa femme Marie de Bretagne sont au n° 42. Cette pièce admirable, et si française, fut vendue par le domaine en 1843. Achetée par Mgr Angebault, évêque d'Angers, elle fut offerte par lui à la fabrique de Saint-Maurice qui en est propriétaire.

L'artiste nous a montré, dans des grandissements au tiers de nature, des scènes empruntées à un manuscrit. Il sera bon de rapprocher ce tableau tissé de certaines pièces telles que le *Parement de Narbonne* (Pl. 4-6) la *Mise au tombeau* (Pl. 8). Le style en est nettement parisien et montre ce que pouvaient faire les artistes du temps pour la décoration des grandes surfaces. La scène représente la sortie du dragon à sept têtes de la gueule d'enfer. Cette gueule d'enfer empruntée à la représentation des mystères se retrouve à la Pl. 6 dans la partie de droite du *Parement de Narbonne*. Ce restera le thème de l'enfer jusqu'après Jean Fouquet. La tapisserie de l'*Apocalypse* qui couvre une surface de 120 mètres est une des « fresques mobiles » les plus précieuses dont on ait conservé un spécimen. Sa date, très rigoureusement placée entre 1375 et 1380 par M. J. J. Guiffrey, administrateur des Gobelins, à qui nous devons les renseignements les plus précis sur cette tenture, est une des plus sûres qui soient.

CATHÉDRALE D'ANGERS

Haut. 1m35. Larg. 2m15

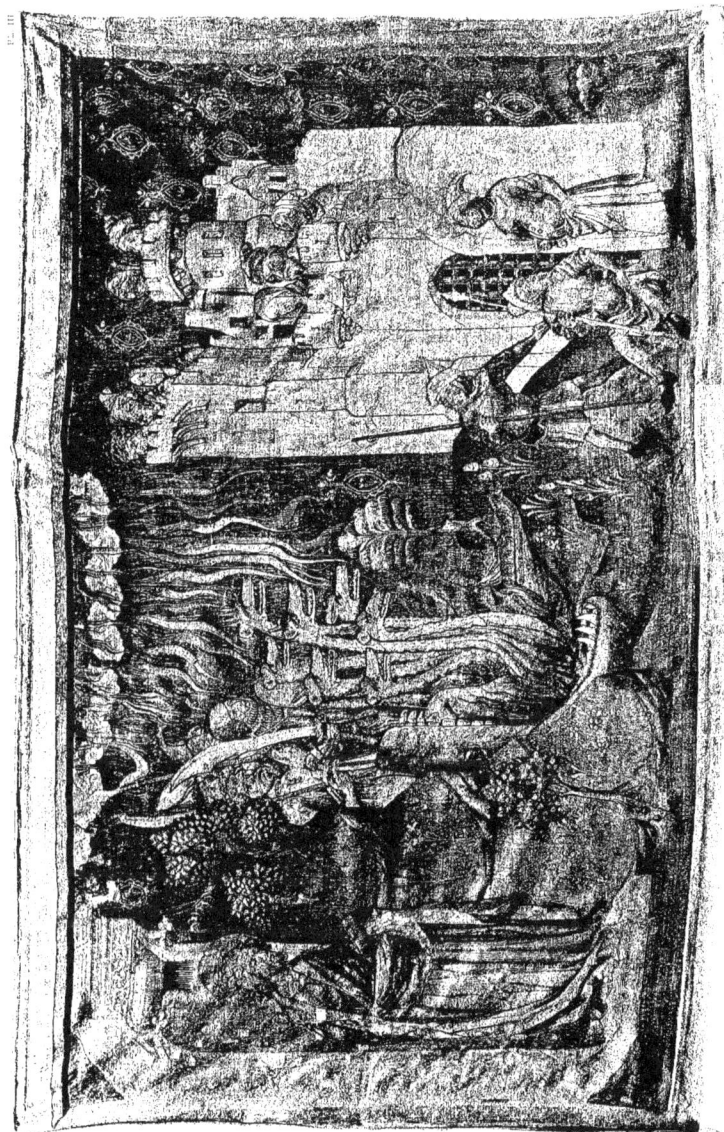

FRAGMENT DE LA TAPISSERIE DE L'APOCALYPSE
par Hennequin et Nicolas Bataille vers 1380
Cathédrale d'Angers.

# LE PAREMENT DE NARBONNE

### PAR JEHAN D'ORLÉANS, 1374-1380

#### Planches IV, V, VI

C'est ici, pour l'art français du xive siècle, une des œuvres les plus intéressantes qui nous soient restées. Ce n'est plus une miniature et ce n'est pas une peinture, c'est l'ouvrage intermédiaire de l'un de ces artistes modestes pour lesquels aucune besogne n'était négligeable. L'homme qui a dessiné à l'encre, au pinceau, sur cette pièce de soie de près de trois mètres de large, les scènes concurrentes de la *Passion* était un maître qui eût tout aussi bien composé le carton d'une tapisserie avec figures dans la dimension de la nature, ou les miniatures réduites d'un manuscrit. Sans aucun doute il s'inspirait de ces représentations de mystères que des acteurs naïfs jouaient aux jours de fête, et les costumes de ces personnages rappelaient ceux des gens chargés d'un rôle. Divers caractères graphiques nous permettent de reconnaître en lui un Parisien, ou tout au moins un peintre travaillant sous les influences des gens de l'Ile-de-France. La croix du Christ très grêle, les nimbes, la décoration architectonique trilobée, l'aigle à deux têtes servant à désigner les Romains du temps de Ponce-Pilate, la figure de la *Vraie foi* rencontrée cent ans auparavant dans le cahier de croquis de Villard de Honnecourt, ne nous laisseraient aucun doute, si les portraits du roi Charles V et de Jeanne de Bourbon ne confirmaient l'attribution. On a pensé à Jean Bandol, dit de Bruges, pour ce travail précieux, qu'on assimilait au manuscrit du Musée Meermann-Vestreen à la Haye, où le roi Charles V est représenté par Jean Bandol, recevant un livre des mains du sieur de Vaudétar son chambellan; mais plusieurs raisons s'opposent à cette opinion. D'abord la gracilité des figures, leur allongement, les physionomies qui ne rappellent guère les travaux de Jean Bandol, témoin la tapisserie reproduite (Pl. III). Ensuite une circonstance particulière démontre que le *Parement* dont il est question eut, au temps même où il fut exécuté, une importance particulière, puisqu'il est transcrit à peu près textuellement dans les *Petites Heures* du duc d'Anjou (dites du duc de Berry sans raison plausible) par un artiste qui pourrait être justement Jean de Bruges. (Voir Exposition des Manuscrits n° 69.)

On appelait *Parement* tout ou partie d'une décoration d'autel pour une fête déterminée. Les Parements en blanc et noir comme celui-ci étaient ordinairement réservés pour les fêtes du Carême ou des Jours Saints. Or, nous savons par diverses mentions d'inventaire que Girard d'Orléans exécuta de ces parements de demi-deuil. Un d'entre eux est cité dans un inventaire du roi Charles V de 1379, publié par Labarte. Mais à la date approximative du *Parement* dont nous nous occupons, entre 1374 et 1380, Girard d'Orléans était très vieux; il mourait en 1378, un peu retiré de ses travaux et ayant laissé son emploi à la Cour à son fils Jehan d'Orléans. Nous inclinerions donc à attribuer à ce dernier, — qui fut, dans son temps, un personnage considérable et qui signa les premiers statuts des peintres parisiens — l'œuvre ici reproduite; c'était du reste l'opinion du regretté Paul Mantz dont les intuitions sur ce point ont un particulier intérêt.

Une mitre prêtée par le Musée de Cluny est exposée non loin du *Parement*; elle est d'un style plus archaïque, et pourrait peut-être se rapporter aux travaux de Girard d'Orléans. Elle aussi faisait partie d'une « chapelle quotidienne », c'est-à-dire de la réunion d'objets du culte employés dans le carême pour les cérémonies, mais elle est d'un art très inférieur.

Le *Parement* aujourd'hui conservé au Louvre provient de la cathédrale de Narbonne où l'acquit le peintre Boilly dans le commencement du xixe siècle. Boilly fils le céda au Louvre en 1852 pour la somme de quinze cents francs. C'est à partir de ce moment qu'on le nomma le *Parement de Narbonne*. On suppose qu'il avait été offert par le roi Charles V lors d'un voyage dans le Midi, mais on n'a aucune preuve.

C'est bien un original. L'artiste a repris le dessin de la reine Jeanne de Bourbon comme on peut s'en apercevoir, même dans la reproduction, à partir des épaules jusqu'à la taille. Quant aux plis d'étoffe souples et arrondis, ils sont spéciaux aux Parisiens de l'Ile-de-France, suivant que nous le montrent les nombreuses tombes gravées encore retrouvées dans la région et datant de ces époques.

*Sur soie et encre au pinceau*
Haut. 0m78. Larg. 2m86

MUSÉE DU LOUVRE

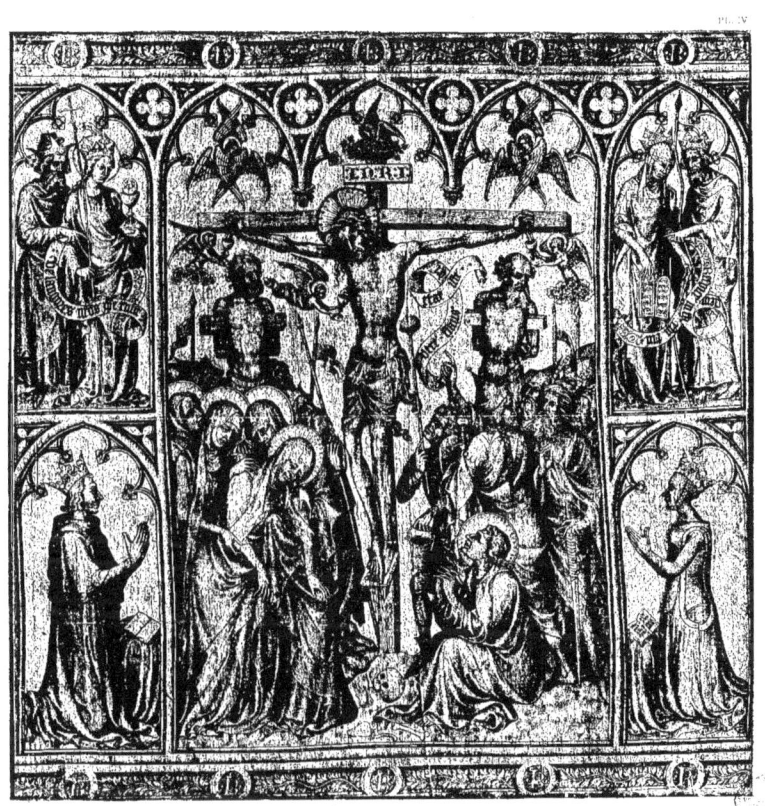

LE PAREMENT DE NARBONNE — PARTIE CENTRALE CHARLES V ET JEANNE DE BOURBON
par Jean d'Orléans (?) 1380
(Musée du Louvre)

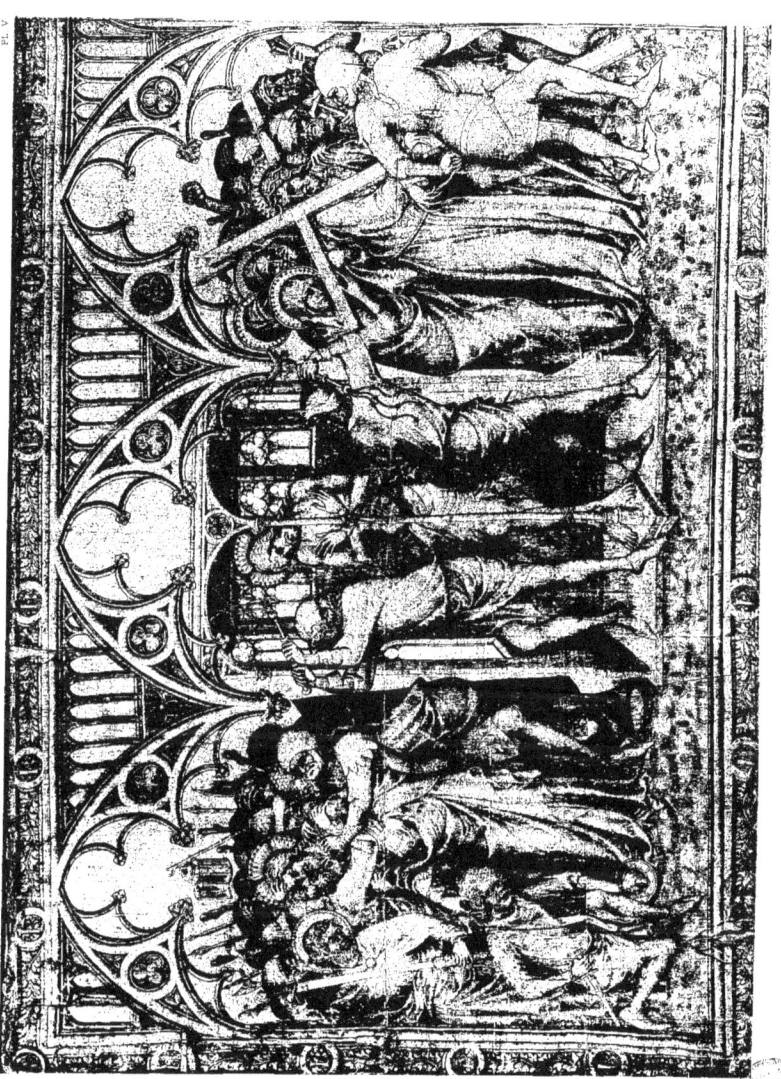

LE PARAMENT DE NARBONNE. PARTIE DE GAUCHE
par Jean d'Orléans (v. 1380)
(Musée du Louvre)

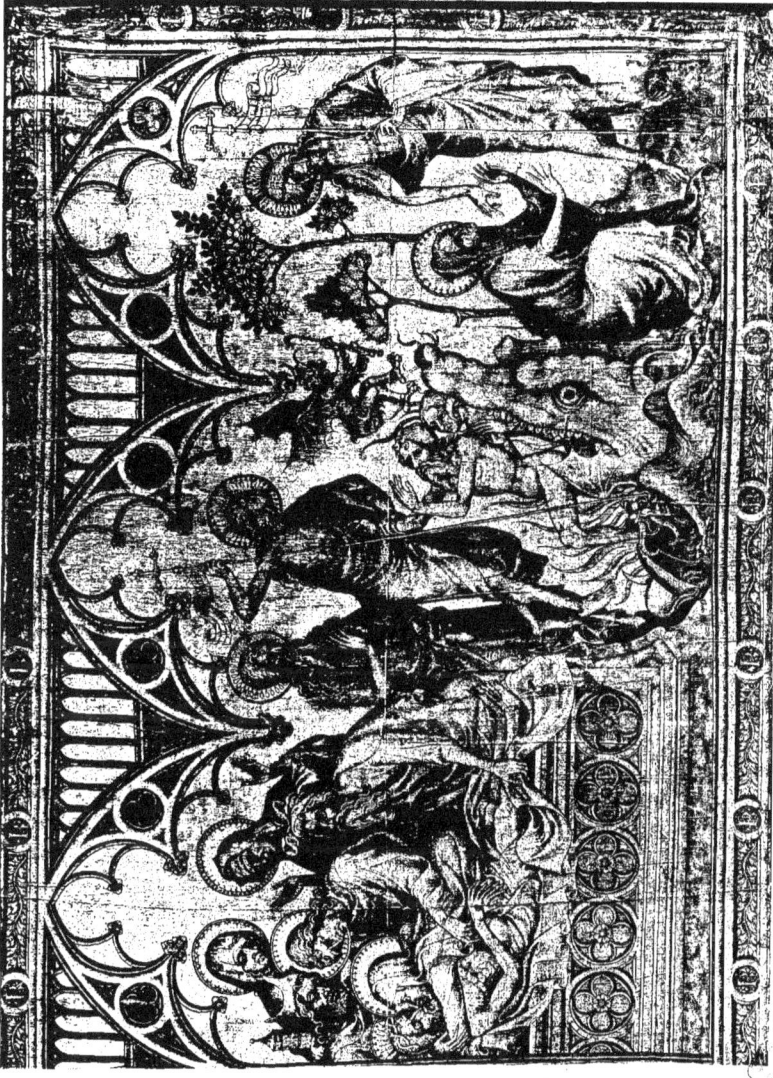

LE PANNEAU DE NARBONNE, PARTIE DE DROITE
par Jean d'Orléans (?) 1380
(Musée du Louvre)

# LA TRINITÉ ET LES ÉVANGÉLISTES

###### École de Paris, vers 1390

###### Planche VII

Le triptyque reproduit ici provient de la Chartreuse de Champmol; il appartenait il y a quelques années à M. Baudot de Dijon; il est devenu la propriété de M. le consul Weber à Hambourg. La provenance de la Chartreuse de Champmol-les-Dijon où travaillèrent divers artistes aujourd'hui célèbres, Jean Malouel, Jean de Beaumez, Henri de Bellechose, Melchior Broderlam, donne consistance à l'opinion que cette œuvre est de la main de ce dernier. Cependant si on la compare expressément aux volets du retable de Dijon reconnus pour être de Broderlam, les concordances ne sont point éclatantes. Ce qui constitue alors la manière de l'école de Paris, l'architecture, les meubles, les plis d'étoffe — que d'ailleurs Broderlam nous emprunte — la façon de traiter les nimbes, les croix, les animaux, la préparation des fonds d'or sur plâtre et leur poinçonnage à dentelle, tout s'accorde aux miniaturistes parisiens et à leur enseignement. Il y a donc lieu d'être moins affirmatif que ne l'étaient les rédacteurs du catalogue Baudot, qui attribuaient résolument ce très joli tableau à Melchior Broderlam. Nous avons dans les manuscrits du duc de Berry divers tableaux aujourd'hui donnés à Jacquemard de Hesdin ou à Beauneveu qui sont bien proches du triptyque Baudot. Les Malouel eux-mêmes travaillant à Paris, sont dans les mêmes données générales. On pourrait également signaler les rapports entre le triptyque et le grand antipendium de Saint-Wulfran d'Abbeville exposé au Pavillon de Marsan sous le n° 24. Les anges, les personnages, la façon d'opérer et de grouper les fonds procèdent de la même école.

Le système des plis d'étoffe est celui de l'artiste du *Parement de Narbonne* qui était sûrement antérieur au peintre du petit triptyque quadrilobé dont nous nous occupons. D'ailleurs, cette œuvre correspond à diverses mentions de compte relatives à Girard et à Jean d'Orléans. Les fonds poinçonnés sont très proches de ceux du portrait du roi Jean-le-Bon (Pl. I). Quant à certains détails très écrits, comme le siège sur lequel est assis le Père Éternel de la Trinité, le Christ en croix, sont expressément ceux rencontrés dans les *Grandes Heures* du duc de Berry ; or ces *Grandes Heures* sont de la descendance des ateliers parisiens comme on l'a maintes fois démontré. Toutes ces considérations nous inclinent à rendre à l'École de Paris la paternité d'une œuvre trop légèrement attribuée à Broderlam; mais nous ne chercherons point à inscrire un nom, très inutile dans sa circonstance. Les achats du duc de Bourgogne à Paris, les envois du duc de Berry ou du duc d'Anjou à leur frère de Bourgogne, surtout au début, autorisent l'opinion. On devra remarquer que le Christ de la Trinité et celui du *Parement de Narbonne* (Pl. IV) paraissent copiés l'un sur l'autre.

Haut. 0m35, Larg. 0m35 fermé, 0m66 ouvert.          *Appartient à* M. LE CONSUL WEBER, *HAMBOURG*

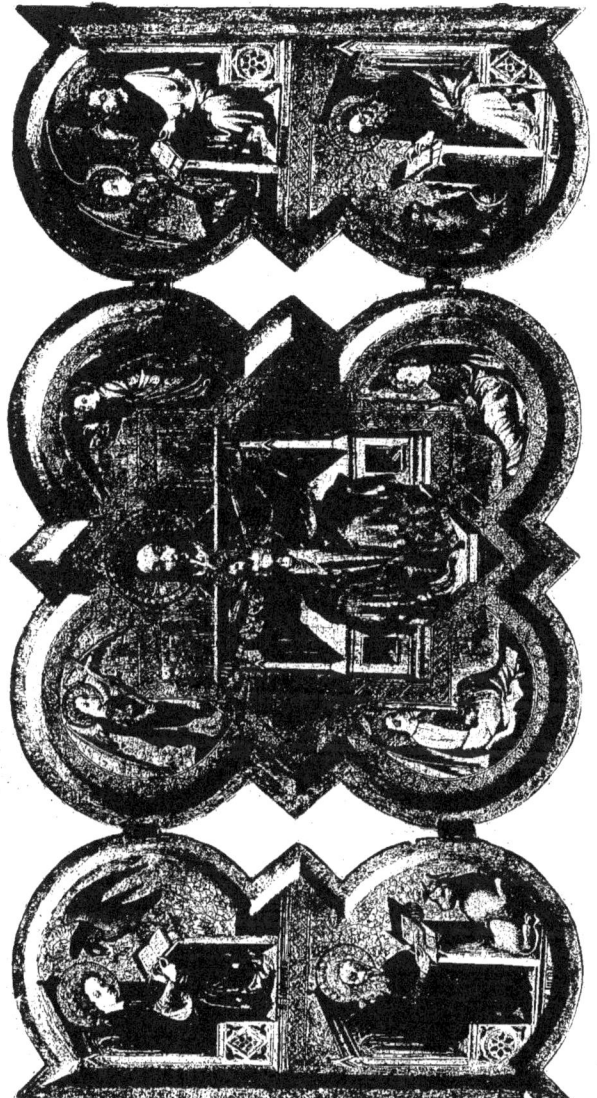

LA TRINITÉ ET LES ÉVANGÉLISTES
École de Paris vers 1390
(M. de Conrad Weber, Hambourg)

# PIETA

ÉCOLE FRANÇAISE, VERS 1380

PLANCHE VIII

Ce morceau remarquable de l'Ecole parisienne a été donné à Malouel et à Jean d'Orléans. D'autres y ont vu un travail d'André Beauneveu de Valenciennes. M. R. Fry le compare aux deux panneaux italo-français de M$^{me}$ Lippmann (voir Pl. 15.) Il est difficile de donner un nom d'artiste, mais dans sa tenue générale la *Mise au tombeau* avec ses bleus intenses, ses ors, certaines physionomies de personnages, entre autres celles de la Vierge et des Saintes Femmes, se rapproche de diverses miniatures de manuscrits, notamment d'œuvres attribuées à André Beauneveu. Le donateur de ce petit panneau paraît être un personnage, aperçu en haut à gauche, et portant une calotte emboîtant la tête, qu'on croirait être un pape.

Haut. 0$^m$33, Larg. 0$^m$21

MUSÉE DU LOUVRE

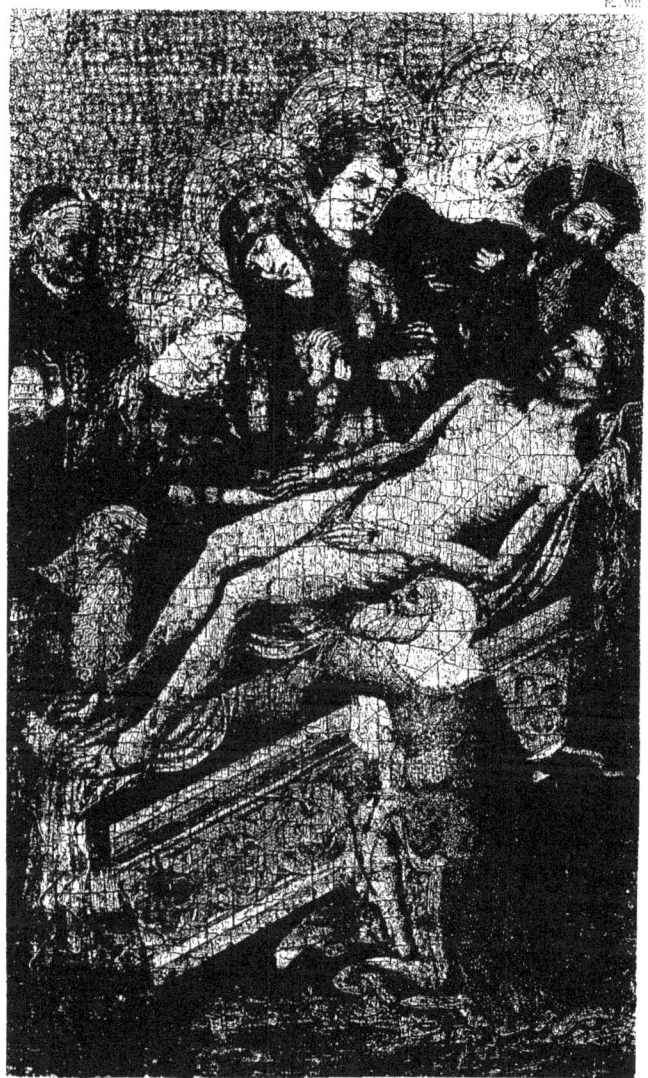

LA MISE AU TOMBEAU
École de Paris vers 1390
(Musée du Louvre)

# PIETA

PAR JEAN MALOUEL, vers 1400

Planche IX

Il suffira de comparer ce très beau tableau au *Martyre de saint Denis* (Pl. 13) pour comprendre les raisons qui l'ont fait donner à Jean Malouel. On n'a pas remarqué encore les concordances d'entre la *Pieta*, le *Martyre de saint Denis* et certaines miniatures de la Bibliothèque de l'Arsenal renfermées dans le manuscrit 623, entre autres un Père Éternel sur son trône entouré des quatre évangélistes. La parenté du *Saint Jean* de ce manuscrit (fol. 213) avec l'ange qui soutient la chappe du Christ dans le *Martyre de saint Denis* (Pl. 13) est frappante. Le Père Éternel lui-même est, dans la *Pieta* dont nous parlons et dans le ms. de l'Arsenal, sensiblement identique. L'idée que certains tableaux de la Chartreuse de Champmol étaient exécutés à Paris, et envoyés au duc ressort de ce fait que le revers de la *Pieta* porte les armes du duc de Bourgogne, ce qui eût été inutile si la pièce eût été exécutée à Dijon par Jean Malouel. On a quelquefois donné la *Pieta* à un artiste de l'École de Cologne. Mais les yeux noirs de la Vierge sont bien rares chez les Colonais. On devra remarquer la petite croix surmontant un cercle de tête dont les anges sont coiffés; on en avait fait longtemps honneur à Van Eyck, il paraît démontré aujourd'hui que ce genre de décoration fut surtout de mode à Paris et dans l'Ile-de-France.

La caractéristique de l'artiste à qui l'on doit les principales œuvres du groupe consiste dans l'exagération des blessures sanglantes du Christ, dans la légèreté du voile couvrant la nudité du Sauveur, dans une certaine recherche des nez pointus et des yeux bridés. Nous expliquerons à la notice de la Pl. 13 quelles raisons nous font conserver le nom de Malouel; il ne nous paraît pas en effet que cet artiste, établi à Dijon dès 1397, ait pu exécuter tout ce qu'on est appelé à lui attribuer.

Provient de la Chartreuse de Champmol.

MUSÉE DU LOUVRE

Diam. 0m64

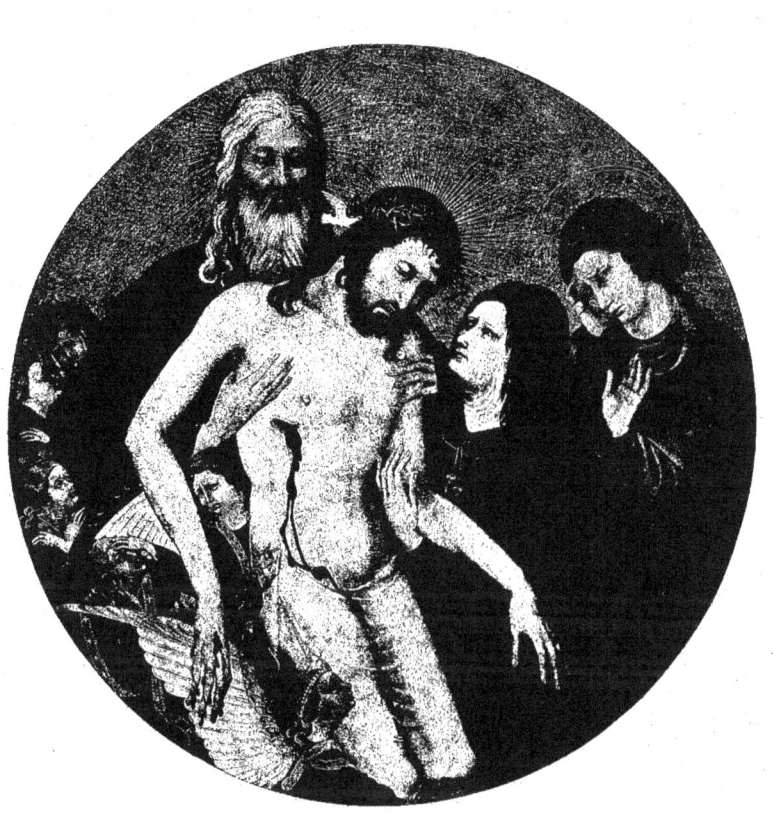

PIETA
par Jean Malouel
(Musée du Louvre)

# LA VIERGE ET L'ENFANT

École des Malouel vers 1395-1400

Planche X

M. Georges Hulin, qui a étudié diverses pièces de l'Exposition des Primitifs, signale cette « œuvrette charmante » et l'attribue résolument à Broderlam. Il se déclare heureux d'avoir enfin rencontré une pièce de ce maître qui ne fût pas celle de la Chartreuse de Champmol. En vérité, nous ne pouvons suivre M. Hulin dans son opinion, formulée sur une simple impression, et peu soutenable. Comme nous connaissons au moins une œuvre de Broderlam, que nous avons pu l'analyser de près, que nous connaissons les types de ses Vierges et de ses enfants Jésus, nous pouvons sans grand'peine reconnaître quelle distance sépare notre petite vierge au nez pointu aux yeux noirs, des vierges de Broderlam potelées, arrondies, aux yeux clairs. Entre Broderlam et Jean de Bruges — le Jean de Bruges de l'Apocalypse pl. III — les points de contact sont très nombreux. Il y a, de l'un à l'autre, une transmission très apparente de technique générale; mais lorsque nous opposons les volets de Champmol du Musée de Dijon à la petite vierge de M. Aynard, rien ne s'accorde. Le détail des habillements, la décoration de la manche, l'étoile du voile de tête, le nimbe à cercles concentriques ne sont nullement de l'art de Broderlam. Les grands yeux de l'enfant, si peu habituels alors, rappelleraient plutôt le dessin d'un ancien triptyque dont l'un des volets appartient à Madame Meyer van den Bergh d'Anvers et les deux autres à M. Cuvillier de Niort. Or, ces panneaux, d'un art fort intéressant, nous offrent des personnages aux yeux grands ouverts, et des vêtements historiés et brodés comme ceux de la vierge Aynard. De plus si l'on veut bien opposer à la vierge en question celle de la *Pieta* du Louvre (Pl. IX) et comparer la figure du saint Jean de droite à celle de la vierge Aynard, on s'apercevra que l'un paraît copié sur l'autre. Le nimbe concentrique du saint Jean est pareil au nimbe du panneau Aynard. La main de la vierge dans la *Pieta* du Louvre avec ses doigts allongés et mous est d'identité complète avec la main de la vierge Aynard prenant l'épaule de l'enfant. Alors, de deux choses l'une : ou la *Pieta* du Louvre est de Broderlam, et il suffira de comparer les anges du tableau à ceux du retable de Champmol pour se convaincre que non ; ou bien elle est de Malouel comme le *Saint Denis*, (Pl. XIII) et alors la petite vierge de M. Aynard est de la famille du peintre Gueldrois. L'attribution à Jean Malouel n'a donc pas été donnée à la légère, tandis que l'attribution à Broderlam a été lancée, de mémoire, sans avoir sous les yeux les éléments de discussion.

La plus grande qualité de la petite œuvre dont nous nous occupons réside dans la matière, la pâte même de la peinture. Le fond vieil ivoire, crémeux, chaud, fait admirablement jouer et valoir les bleus intenses de la robe. Or, toutes proportions gardées, ces tons crémeux, ces bleus violents se rencontrent dans les miniatures des *Très riches Heures* de Chantilly, et dans le manuscrit 166 français de la Bibliothèque nationale, attribués aux frères Limbourg, neveux de Jean Malouel. Les notes du catalogue de l'Exposition, pour être moins discutées, n'en ont pas moins été écrites avec le plus grand souci de la vérité ou des vraisemblances. Aussi n'admettons-nous pas qu'on remplace « la fausse étiquette Malouel » par la *beaucoup plus fausse* Broderlam. Tout le monde peut faire les constatations que je signale, on verra que rien n'a été laissé au hasard.

La vierge aujourd'hui possédée par M. Aynard, membre de l'Institut, a été découverte à Lyon, dans la région des Malouel, par un sculpteur nommé Bonnet, qui l'avait payée cinq francs. Il la céda à M. Aynard il y a une quarantaine d'années pour un prix très modeste. Il se trouve que, grâce à l'Exposition des Primitifs, cette petite œuvre a pris l'un des premiers rangs.

M. ÉDOUARD AYNARD, *LYON*

Bois. Peinture à l'œuf. Haut. 0m21, Long. 0m14.

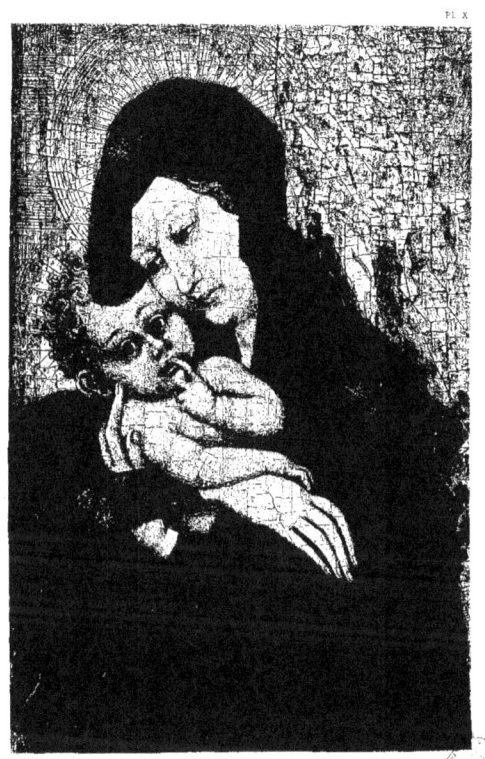

LA VIERGE ET L'ENFANT
Ecole de Jean Malouel ?
(M. Edouard Aynard, Lyon.)

# VOLETS D'UN ÉDICULE GOTHIQUE

## SCÈNES DE LA VIE DE LA VIERGE ET DE JÉSUS-CHRIST

École de Paris, vers 1400

Planche XI

Ces volets doubles accompagnent une statuette de Vierge assise sous un petit dais gothique au clocheton ajouré. A gauche les scènes représentées sont : l'*Annonciation*, la *Visitation*, l'*Apparition aux Bergers*, la *Nativité*, les *Mages*. A droite, la *Fuite en Égypte*, l'*Idole brisée*, la *Présentation au Temple*, le *Massacre des Innocents* sur l'ordre d'Hérode.

On a naturellement songé à Melchior Broderlam dans cette œuvre remarquable, dont l'état de conservation est tout à fait exceptionnel. Mais j'ai déjà rapproché quelques-unes des scènes, notamment la *Nativité*, des miniatures du manuscrit 166 français exécuté pour le duc de Berry. Ce qui semblerait donner consistance à l'opinion en faveur de Broderlam, c'est dans le *Massacre des Innocents* le soldat debout rappelant le petit *Saint Georges* du retable de Champmol. Mais ce costume guerrier est essentiellement français, comme le montrent d'innombrables miniatures à origine certaine, des statuettes et des verrières. Une autre constatation achève d'autoriser notre conviction, c'est la représentation du roi Hérode, assis sur son trône. Ce personnage est pour ainsi dire copié sur une miniature figurant le roi Salomon dans la *Bible Historiale*, du duc de Berry (Bibl. de l'Arsenal n° 5058, Exposition des Manuscrits n° 218). L'un des rois mages, avec une queue de cheveux à la chinoise, est à rapprocher du centurion dans la crucifixion du *Parement de Narbonne* (Pl. IV). La *Fuite en Égypte* qu'on retrouve dans le retable de Champmol sert à noter les différences essentielles entre Broderlam et l'auteur des volets dont nous parlons.

Les fonds poinçonnés sur or sont dans le style des œuvres parisiennes du XIV$^e$ siècle et se rattachent aux manuscrits.

Ce monument précieux, l'un des plus intéressants que nous aient laissés les vandalismes passés, est en la possession de M. Ch. Léon Cardon de Bruxelles. Il nous a été prêté avec un libéralisme dont nous nous plaisons à reconnaître la spontanéité. C'est, nous le répétons, un objet d'un très haut intérêt documentaire en même temps qu'une pièce fort jolie et très complète dans ses détails.

Haut. 0m46, Larg. 0m21

*Appartient à* M. CHARLES LEON CARDON, *BRUXELLES*

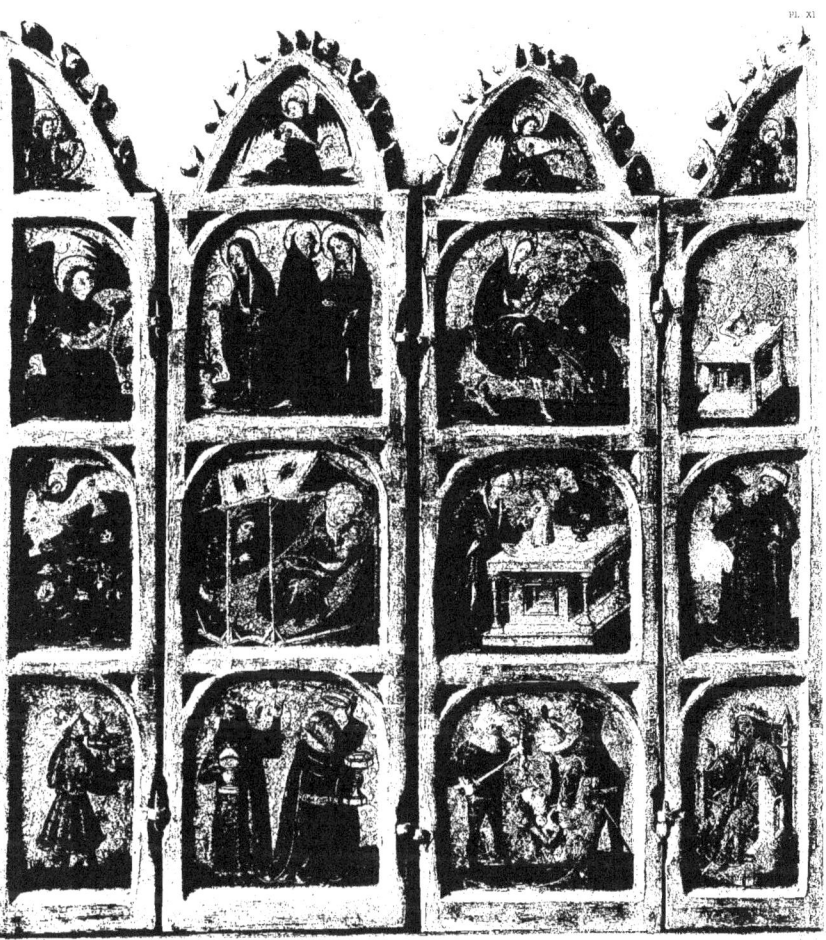

VOLETS D'UN ÉDICULE GOTHIQUE
SCÈNES DE LA VIE DE LA VIERGE ET DE JÉSUS CHRIST
École de Paris vers 1400

# LE JUGEMENT DERNIER
## ET
# LA RÉSURRECTION DES CORPS

ANTEPENDIUM DE SAINT-WULFRAN

École de l'Artois, commencement du xv<sup>e</sup> siècle

Planche XII

Nous avons dû partager en trois parties cet *Antependium* pour en faciliter la reproduction, mais il se présente d'un seul tenant, le *Jugement dernier* au milieu, et les *Résurrections* formant volets fixes.

L'œuvre est, en elle-même, assez médiocre, mais les caractères parisiens y sont restés en dépit d'une orientation que l'on devine influencée par les gens travaillant à la Chartreuse de Champmol. Ainsi le Christ, assis sur l'arc-en-ciel, a les pieds posés sur un monde nébulé à la mode des Parisiens du xiv<sup>e</sup> siècle. La coupe des cheveux de l'homme, à gauche, sortant de son cercueil, est celle qui fut portée à partir de la fin du xiv<sup>e</sup> siècle en Ile-de-France, et continuée en Europe jusque vers 1450. Mais ce qui rend cette pièce particulièrement précieuse, c'est qu'elle nous montre dans ses fonds le système d'empreinte sur plâtre, avec moules taillés en creux, comme nous voyons Jean Malouel en préparer à Champmol-les-Dijon en 1398.

Les types d'anges nous révèlent une pratique déjà établie, une déformation d'école peu niable. Le peintre qui le composa était un artiste de second ordre qui s'assimilait des thèmes et les exprimait assez naïvement. Ceci donnerait à penser qu'il était d'origine flamande, bien que dépendant expressément des Français d'un demi-siècle auparavant. C'est tout ce que l'on peut dire de cet *Antependium* fort curieux, précieux même, mais dont l'art hybride ne saurait constituer un gros appoint dans les discussions. L'origine en est d'ailleurs inconnue, mais il est permis de conjecturer qu'il fut exécuté pour Saint-Wulfran par quelque peintre ambulant du commencement du xv<sup>e</sup> siècle.

Haut. 0<sup>m</sup>60. Larg. 2<sup>m</sup>93.

SAINT-WULFRAN D'ABBEVILLE

Pl. XII

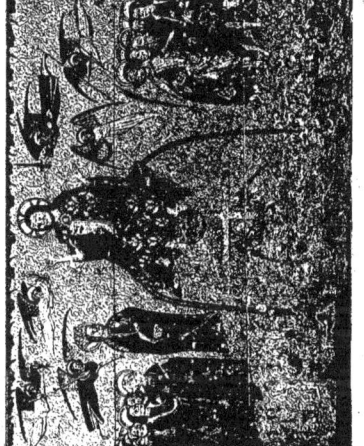
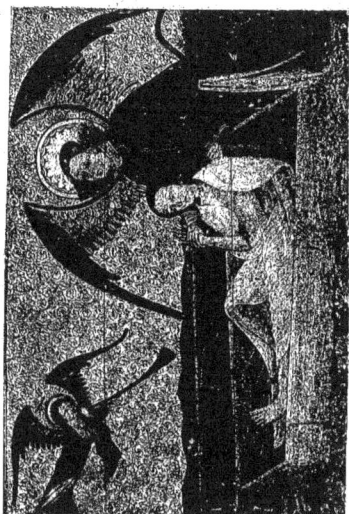
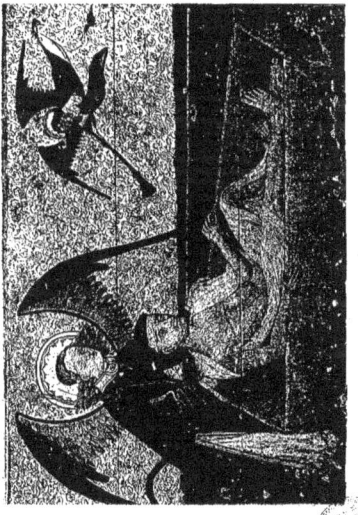

ANTIPENDIUM
LE JUGEMENT DERNIER
LA RÉSURRECTION DES CORPS
École du Poitou, début du XV° siècle
(N° Dufour d'Abzac)

# LA DERNIÈRE COMMUNION

## ET LE MARTYRE DE SAINT DENIS

### PAR JEAN MALOUEL, vers 1400

#### Planche XIII

Cette pièce forme le morceau le plus important d'un groupe d'œuvres aujourd'hui attribuées à Jean Malouel, grâce à des rapprochements ingénieux de MM. de Champeaux et Paul Durrieu. D'après un document invoqué par M. de Champeaux, Jean Malouel eût commencé l'œuvre qui, au dire de M. Paul Durrieu, eût été continuée par le Brabançon Henri de Bellechose, peintre du duc de Bourgogne à Dijon. Le fait pour le *Martyre de saint Denis* d'avoir été trouvé à la Chartreuse de Champmol, donne consistance à l'opinion de MM. de Champeaux et Durrieu, et sauf preuve contraire, nous conserverons l'attribution fournie par les deux savants.

Une constatation cependant nous autorise à faire quelques réserves. Jean Malouel était un peintre venu de Gueldre à Paris avant 1397, il y avait amené ses neveux, Pol, Hennequin et Hermann Malouel dit de Limbourg. De ces jeunes gens, deux étaient à peine âgés de 14 à 16 ans au temps de leur arrivée à Paris; nous en avons la preuve par une pièce originale, publiée par Mgr Dehaisnes, où l'on voit le duc de Bourgogne racheter de leur captivité les deux jeunes gens, pris par un parti ennemi dans les Flandres. D'un autre côté, si l'on compare les types généraux du *Martyre de saint Denis* à ceux des *Très riches Heures* du duc de Berry aujourd'hui conservées au Musée Condé, notamment la tête du Christ à celle du même Christ dans les diverses miniatures du célèbre manuscrit, on est frappé des concordances et des identités presque absolues. Or, les *Très riches Heures* sont attribuées aux frères Limbourg, c'est-à-dire aux neveux de Malouel, par une pièce d'archives citée par M. Léopold Delisle. D'un autre côté, la manière spéciale importée d'Italie et que les gens du duc nommaient « l'ouvraige de Lombardie », est très sensible dans le *Martyre de saint Denis;* on y voit notamment des robes bleues fleuretées, des architectures lombardes, mêlées à d'incontestables signes d'origine française — le bourreau et le martyre du saint ont été imités dans le manuscrit d'Etienne Loypeau, vers 1390 (Exposit. des Manuscrits, n° 73) — il y a donc lieu de se défier d'une précipitation trop grande. Nous ne devons pas oublier en effet, que deux artistes français sont allés en Italie pour y construire le Dôme de Milan, que tous deux sont architectes et peintres, et qu'ils sont rentrés en France vers 1400; Jacques Cône et Jean Mignot. Or ces deux artistes travaillaient précisément chez Raponde et chez Pierre de Vérone où opéraient également les frères Limbourg. Je livre ces réflexions à ceux que ces menus faits intéressent, et je les prémunis contre tout entraînement. Le fait pour ce tableau d'avoir appartenu à la Chartreuse de Champmol note évidemment un point curieux, surtout lorsqu'on sait, par une pièce originale, que Jean Malouel peignait une vie de saint Denis. Mais le duc de

Berry envoyait à son frère de Bourgogne de constants cadeaux. Comme le manuscrit d'Etienne Loypeau, son aumônier, renfermait la même scène de martyre, avec le même bourreau, et que sûrement entre la miniature et le tableau les concordances sont indéniables, il paraît très sage de réserver son opinion définitive au moins en ce qui regarde Jean Malouel. Les frères Limbourg, au contraire, ont très bien pu s'inspirer des travaux d'un maître chez Pierre de Vérone à Paris, avant de commencer les *Très riches Heures*, si l'on admet comme démontrée l'assimilation tentée entre la mention de compte et le manuscrit de Chantilly.

Au point de vue de la date et de l'importance, le *Martyre de saint Denis* est une des œuvres les plus considérables des Musées d'Europe. Il nous permet de grouper divers manuscrits et plusieurs tableaux dont les origines françaises sont certaines : Les *Très riches Heures* de Chantilly, le manuscrit de la Bibliothèque nationale fonds français 166, la *Pieta* du Louvre (Pl. 9), celle de Troyes (Pl. 14), et peut-être aussi la *Mise au Tombeau* du Louvre (Pl. 8), qui nous montrent que le prétendu Jean Malouel ne travaillait pas qu'à la Chartreuse de Champmol-les-Dijon.

Le *Martyre de saint Denis* est peint sur panneau ; il a été rapporté sur toile ; il a été donné au Louvre en 1863, par M. de Reiset.

Haut. 1m60, Larg. 2m08

MUSÉE DU LOUVRE

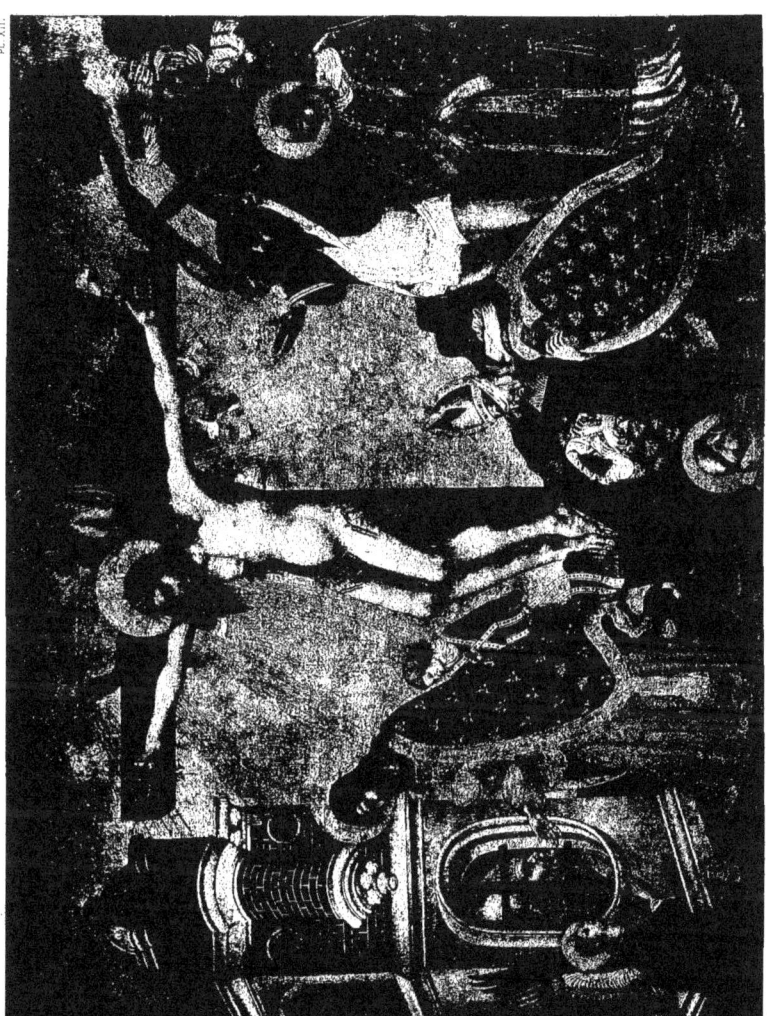

MARTYRE DE S¹ DENIS
par Jean Malouel
(Musée du Louvre)

# PIETA

## PAR JEAN MALOUEL vers 1398

### Planche XIV

Ce petit tableau, qui a beaucoup souffert, a été donné au Musée de Troyes par M. Fléchey. Il est peint à la détrempe, comme le portrait du roi Jean le Bon, sur un panneau de bois travaillé et taillé en cuvette. Le fond a été plâtré et ensuite doré, et la bordure tenant au panneau devait être ornée de pierres. Par comparaison avec certaines œuvres, ci-devant décrites sous les n⁰ˢ IX, X et XIII, on a attribué l'œuvre à Jean Malouel dit *Manuel*, peintre du duc de Bourgogne à Dijon en 1398. Une des particularités de cette pièce, ce sont les anges portant, sur le front, un bandeau orné d'une croix, qui restera avec Van Eyck, et à toute l'école flamande. Les anges de la Pl. IX également attribués à Jean Malouel sont dans les mêmes données décoratives.

Les rapports entre le portrait du roi Jean et cette pièce attesteraient l'influence française sur les peintres venus de l'étranger. Le fond d'or y est empreinté en creux comme dans le portrait du roi Jean; la peinture est de même nature. M. le chanoine Dehaisnes a publié diverses pièces des archives du Nord se rapportant à ce Malouel, entre 1395 et 1404; il n'est guère douteux que, venu des Flandres en France, le Gueldrois Malouel dût se perfectionner dans quelque atelier parisien avant de passer à Dijon chez le duc Philippe le Hardi. Nous ne savons pas où M. Fléchey avait trouvé cette petite pièce si curieuse, mais les relations entre Dijon et Troyes étaient constantes à ce moment, comme nous l'a prouvé M. Bernard Prost dans ses *Extraits de Comptes des ducs de Bourgogne*. La duchesse Marguerite de Flandres se servait couramment, pour la décoration de son mobilier, de peintres Troyens, entre autre d'un peintre-sellier nommé Jean Petit qui lui orna un chariot de promenade à fond d'or (n⁰ˢ 2107 et 2112 des Extraits de M. Prost) or ceci se passait entre 1373 et 1383, et Malouel ne devait entrer au service du duc que 10 ans plus tard. Il n'y aurait aucune impossibilité à ce que l'œuvre du Musée de Troyes fût de l'un des nombreux peintres-selliers, — les seuls qui fussent alors, — à la solde du duc de Bourgogne. Mais nous devons conserver l'attribution, basée sur des relations entre les tableaux attribués à Malouel, et le présent panneau du Musée de Troyes.

La tête du Christ et celle de saint Jean ont à peu près disparu aujourd'hui; mais tout le reste est encore lisible et permet d'établir une opinion. C'est ici le travail incontestable d'un peintre-sellier, tel Girard ou Jean d'Orléans, tel Jean Petit ou Jean Malouel. La technique de l'œuvre est précisément celle décrite dans les statuts des peintres-selliers français dès le milieu du XIII⁰ siècle.

Bois. Peinture à la détrempe. Haut. 0ᵐ39, Larg. 0ᵐ26.

MUSÉE DE TROYES

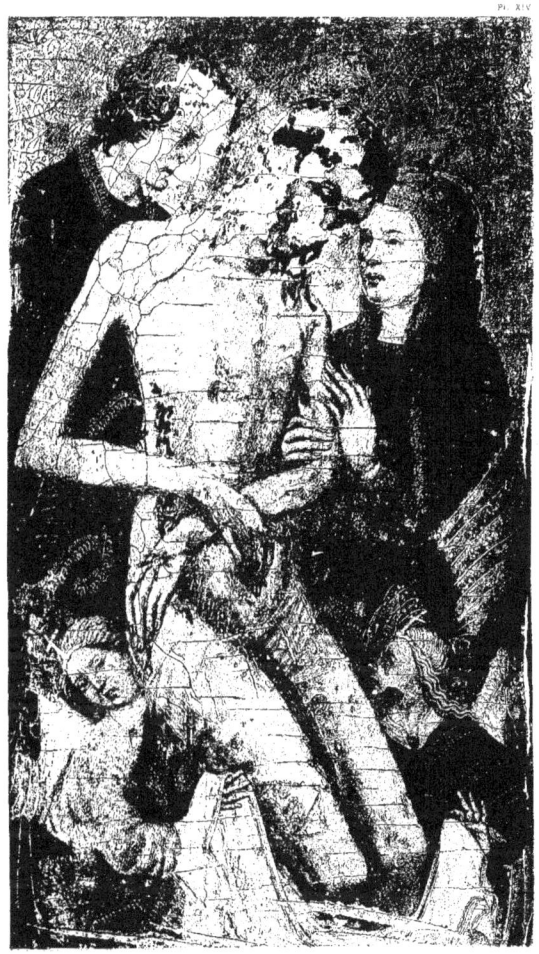

PIETA
attribué a Jean Malouel
(Musée de Troyes)

# L'ADORATION DES MAGES ET LA MORT DE LA VIERGE

École de Provence, vers 1390

Planche XV

Dans une note très étudiée du *Burlington Magazine*, numéro de juin 1903, M. R. E. Fry propose quelques remarques sur ces deux panneaux extrêmement anciens. D'abord, il y retrouve l'inspiration siennoise, mais l'étude des figures, les nez proéminents, les yeux largement ouverts le convainquent que les descendants de Giotto ne sont pour rien dans cette composition inattendue. Il n'a point songé au pseudo Beauneveu, auteur des figures d'un manuscrit de la bibliothèque de Bruxelles (l'attribution est aujourd'hui abandonnée), mais qui travailla pour le duc de Berry à la fin du xiv$^e$ siècle. Cet artiste a exprimé dans ses œuvres divers types que nous retrouvons ici, tel le premier apôtre, à gauche en haut, dans la *Mort de la Vierge*. La Mandorla où le Christ apparaît, tenant l'âme de sa mère, est entourée de séraphins bleus dans la donnée des miniaturistes français, et d'eux, ce thème passera à Fouquet et à Bourdichon. En plus, on rencontre quelques affinités entre nos panneaux et l'*Ensevelissement du Christ* (Pl. VIII). Plusieurs considérations nous empêchent cependant de retrouver dans ces deux petits panneaux la besogne d'un artiste du Nord. D'abord la décoration du lit de la Vierge qui paraît composé de carreaux vernissés. La forme de ce lit, le type des personnages, la tête même de la Vierge et son accoutrement de tête notent d'expresses différences avec les thèmes ordinairement employés à Paris ou dans la région du Nord. Peut-être avons-nous affaire à quelqu'un de ces artistes travaillant pour le chancelier de Bohême, Jean de Neumark, dont a parlé M. Max Dvorak. Mais ces artistes avaient passé à Avignon, ils y avaient connu les peintres des papes français qui n'employaient pas que des Italiens purs. La question n'est pas tranchée, mais les probabilités sont en faveur des Avignonnais, surtout si l'on remarque l'écriture des deux manuscrits tenus par les saintes femmes dans le panneau de la *Mort de la Vierge*.

L'intérêt capital de ces deux panneaux vient de leur état de dégradation. La peinture n'a point adhéré partout, elle a été enlevée par plaques, et nous apercevons très nettement le procédé employé par l'artiste. Il était l'un de ces peintres-selliers dont Étienne Boileau rédigeait les statuts en 1250 à Paris. Le travail de ces artisans était compliqué : d'abord, on collait sur un panneau de bois une toile légère ; sur cette toile, on appliquait un mastic plâtreux qu'on polissait et qu'on dorait ensuite uniformément ; sur ce fond d'or préparé, l'artiste traçait ses contours très nets et très précis, comme on peut le voir dans le bras de la Vierge couchée. On sent que la préparation au plâtre avait surtout pour but d'obtenir une surface plane résistante, qu'on traitait comme une feuille de vélin ; on faisait ensuite disparaître les contours sous une couche de couleur à la colle ou à l'œuf, on obtenait les nimbes par un véritable travail de poinçonnage ou de gravure, et les surfaces une fois couvertes, l'or des ornements du fond ou des nimbes restait seul. Les Parisiens eurent une dextérité remarquable dans l'application de ces ors, comme ils possédaient le plus délicat outremer. Mais, dans le xiv$^e$ siècle, les Siennois les avaient égalés et même dépassés. Les deux panneaux dont nous nous occupons seraient plutôt de la descendance siennoise que de celle des Parisiens. Qu'il en soit d'une chose ou d'une autre, ces deux petites œuvres ont un intérêt considérable : elles ont été acquises de Dowdeswell, de Londres, par le regretté docteur Lippmann, de Berlin. M$^{me}$ veuve Lippmann, déférant à notre désir, nous a permis d'exposer ces deux pièces et de les étudier à notre loisir.

Haut. 0$^m$290. Larg. 0$^m$185.

*Appartient à* MADAME LIPPMANN, *BERLIN*

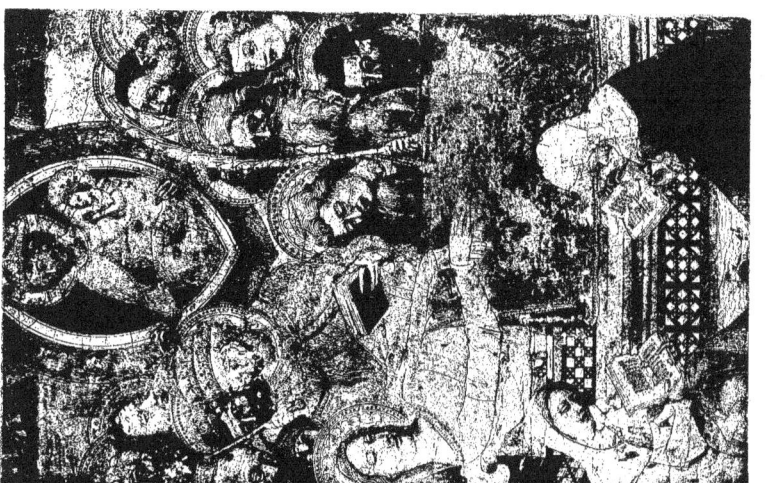

MORT DE LA VIERGE
École du Midi vers 1495

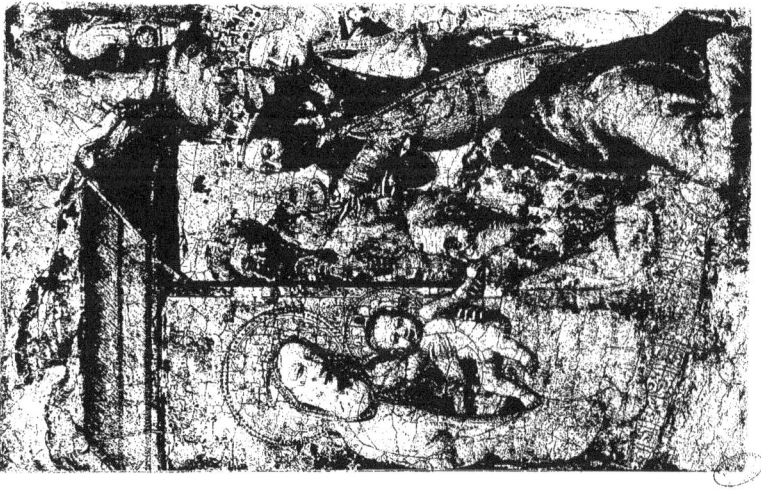

ADORATION DES ROIS
École du Midi vers 1495

# SCÈNES DE LA VIE DU CHRIST ET DE LA VIERGE

Écoles du Midi de la France vers 1400

Planches XVI-XVII

Ce très curieux quadriptyque rappelle, par sa constitution générale, certains tableaux anciens mentionnés dans les inventaires princiers. Il est formé de quatre volets, partagés eux-mêmes en 7 compartiments creusés en cuvette, et, dans chacun de ces compartiments, l'artiste a mis des scènes de la vie de la Vierge et du Christ un peu au hasard. Le cadre est terminé en pignon fleurdelisé, mais la disposition générale n'est pas dans les données gothiques de la France du Nord. Si l'on se permettait une impression d'ensemble on penserait que l'œuvre fut exécutée par un moine, sous l'influence de travaux byzantins, peut-être à la frontière de Navarre, peut-être au delà.

Le premier volet nous montre à sa partie supérieure les instruments de la *Passion*, la croix non équarrie, comme on la retrouve en certains travaux pour le duc de Berry, notamment dans la grisaille du ms. fr. 166 (Planche XVIII ci-après). Au-dessous une *Annonciation* dans le goût des peintres du duc, une *Adoration des Bergers*. Au-dessous une *Arrestation de Jésus* et un *Christ devant Pilate*. Dans la partie du bas *Saint Michel* et *Saint Jean-Baptiste*.

Le second volet porte en haut une *Vierge éplorée;* dessous, l'*Adoration des rois* et un *Noli me tangere*, ce qui montre la bizarrerie de la composition. Plus bas, le *Portement de Croix*, et le *Calvaire*. Dans la partie du bas : *Saint Pierre et Saint Paul*, et *Saint Jean l'Évangéliste*.

Le troisième volet montre en haut un *Homme de douleurs;* au-dessous, l'*Ascension* et la *Pentecôte* ; au-dessous encore, un *Calvaire* et une *Descente de Croix*, puis tout en bas *Saint Augustin*, *Saint Dominique* et *Saint Antoine de Padoue*.

Enfin le quatrième volet porte à la partie supérieure, *Saint Jean pleurant;* au-dessous la *Mort de la Vierge* et les *Limbes;* puis l'*Ensevelissement du Christ* et le *Jugement dernier*. Tout au bas *Saint Louis de Toulouse* et *Sainte Madeleine*, *Sainte Barbe* (?) et *Sainte Catherine*.

Diverses considérations nous inclinent à reporter à un moine la composition de l'œuvre. D'abord dans le *Jugement dernier* les élus et les réprouvés sont des religieux; puis les saints multipliés dans la partie inférieure sont une présomption en faveur d'une œuvre ecclésiastique. Mais les costumes de soldats sont un peu déconcertants. Ils ne sont ni de France, ni d'Italie ; ils rappellent davantage certaines statuettes de tombeaux catalans ou espagnols de la fin du xive siècle. La décoration n'est nullement gothique, sauf peut-être dans l'*Annonciation*. Le Pilate porte une toque dans le genre de celle d'un personnage aperçu Planche VIII, mais il a sur le bras des lètices de fourrures à la mode française. La Vierge de l'*Annonciation* et de l'*Adoration* se rapproche également des vierges françaises de 1380 à 1410. Dans ces conditions il est difficile de conclure ; comme M. Douglas, propriétaire du tableau et fort amateur de peinture italienne, je ne crois pas à une œuvre italienne pure, mais à quelque travail de moine méridional soumis à des influences diverses. Je disais plus haut que certains inventaires princiers mentionnent des tableaux à rapprocher de notre quadriptyque. En voici un portant le n° 2407 de l'*Inventaire* du roi Charles V, publié par Labarte. « Item ung tableau de boys à pignons pains ystoriez de la *Passion* « et sont de quatre pièces. »

M. DOUGLAS, LONDRES

Bois creusé à compartiments.

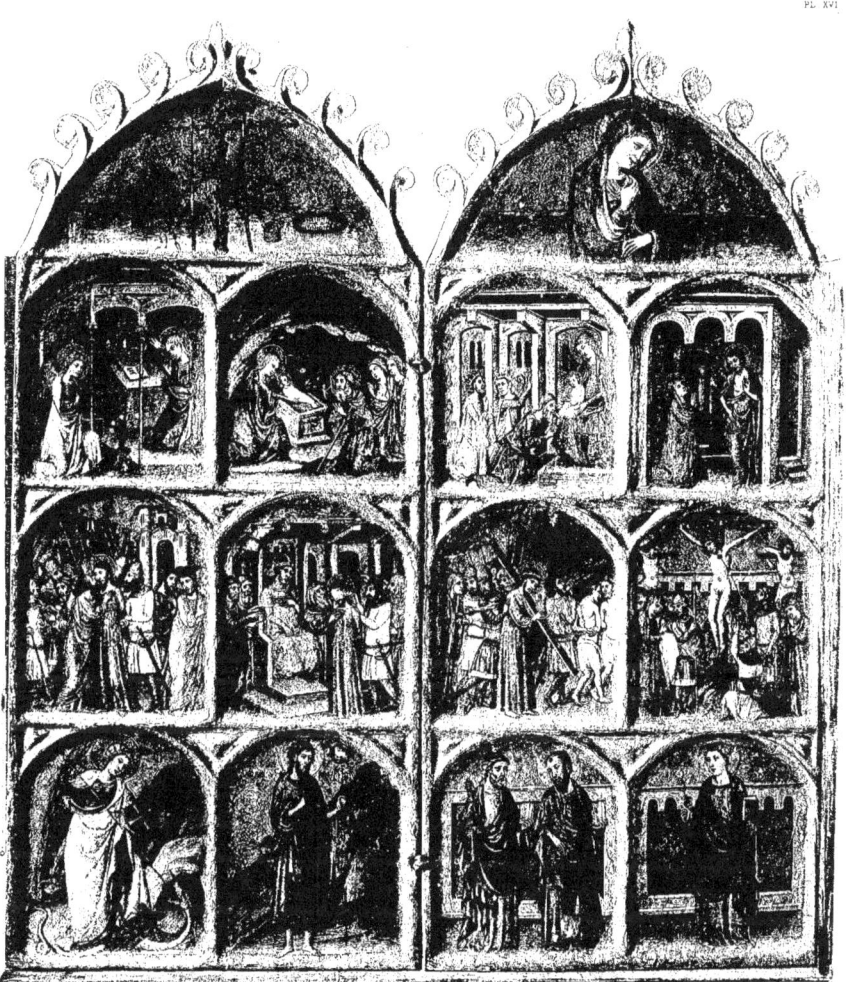

QUADRIPTYQUE. SCÈNES DE LA VIE DU CHRIST
Écoles du Midi de la France vers 1400
(M. Douglas Londres)

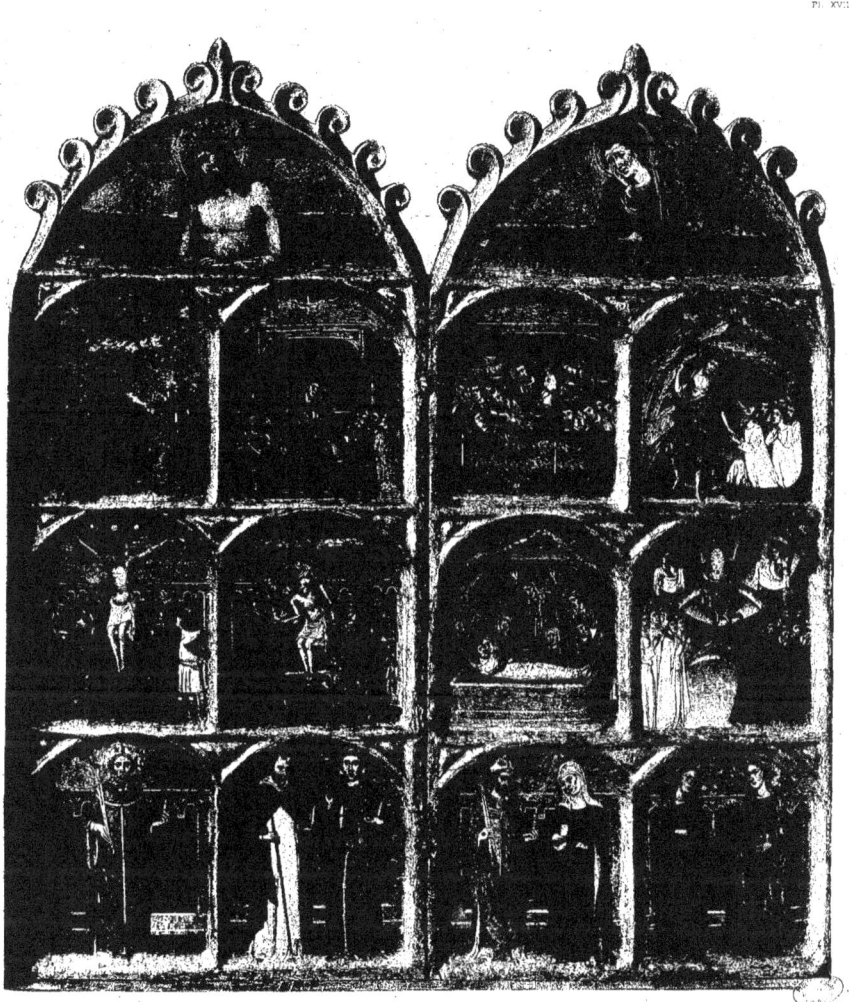

QUATRIPTYQUE. SCÈNES DE LA VIE DU CHRIST ET DE LA VIERGE
Écoles du Midi de la France
(M. Douglas, Londres)

# SAINT JÉROME ET LE LION

Dessin en grisaille de l'École Française vers 1404

Planche XVIII

Le manuscrit des *Très riches Heures* du duc de Berry a été attribué aux frères Limbourg, dits Mannel, neveux de Jean Malouel ou Manuel, sur le vu d'une pièce retrouvée par Gabriel Peignot. Cette identification nous laisse des doutes, car rien ne prouve que le livre d'*Heures* acquis en Italie par le duc d'Aumale fut celui que composaient « Pol et ses frères » à la mort du duc de Berry et qui resta inachevé. Une chose est certaine, c'est que ce merveilleux manuscrit est pour l'invention, pour l'esthétique, pour le détail, de la main de l'artiste qui fournit les dessins d'une *Bible historiale* ou *moralisée*, conservée aujourd'hui sous le n° 166 français au département des manuscrits. Sur ses dessins, deux ou trois enlumineurs vinrent appliquer leurs couleurs, mais ils ne *terminèrent* pas non plus l'ouvrage, lequel devait comprendre au moins 4.000 vignettes. Le sort du manuscrit 166 fut donc le même que celui des *Très riches Heures*. Il fut continué dans le XVe siècle et dans le XVIe par des artistes plus ou moins habiles.

M. de Champeaux avait signalé les rapports entre les deux ouvrages, et comme l'un était assigné aux Limbourg, l'autre lui était également donné. La question cependant est plus compliquée. Il semble bien qu'une note publiée par M. Bernard Prost s'applique à la *Bible moralisée* fr. 166, et alors les artistes, dont il est fait mention dans cette note, seraient également ceux des *Très riches Heures*. Cependant une hypothèse concilierait tout. C'est que les compositions originales de l'un et l'autre livres fussent de la même main, et que les enlumineurs en eussent été différents.

La mention, publiée par M. Prost, indique que Philippe le Hardi, duc de Bourgogne, *faisait exécuter* en 1404 au moment de sa mort, par l'entremise de Raponde, habitant Paris, une Bible en *latin* et en *français*, ce qui est justement le cas du ms 166. Raponde avait chargé un peintre célèbre, Jacques Cône, d'en donner les dessins, car il a soin de le qualifier *peintre* alors qu'il nomme *enlumineurs* ses deux collaborateurs. Ceux-ci sont Imbert Stanier et Hanselin de Haguenau. On leur paie la partie de leur besogne exécutée au moment du décès du duc, et on ajoute que le manuscrit ainsi inachevé fut donné au duc de Berry.

L'indication du nom de Jacques Cône est précieuse. Nous savons d'autre part que cet éminent artiste a été mandé à Milan, en 1398, pour la construction du dôme, dont il devait fournir les plans, et, le gros œuvre une fois terminé, décorer l'intérieur de fresques. Comme précisément les *Très riches Heures* du duc d'Aumale et le ms 166 témoignent d'une influence lombarde peu discutable, le nom de Jacques Cône, qui revient de Milan, s'impose expressément. Les Limbourg, simples enlumineurs, ne paraissent point être allés à Milan non plus qu'en Italie. Or, dans les *Très riches Heures*, nous avons de nombreuses preuves d'un voyage à Milan et des relations entre leur auteur et Giovanni da Milano, notamment dans la *Purification* des *Très riches Heures* qui est une adaptation d'une autre *Purification* exécutée par Giovanni à Florence.

La grisaille que nous reproduisons sert de frontispice au manuscrit fr. 166. Le *saint Jérôme* en est dans les données exactes des *Très riches Heures*, même il est copié en diminutif au fol. 13 de ce dernier livre. Le lion est le type si particulier de ces animaux, aperçus dans les *Très riches Heures*. L'architecture si soignée et la perspective, si inattendue à cette époque, témoignent en faveur d'un artiste architecte. Le dessin du dôme de Milan fourni par Jacques Cône devait être conçu dans cet esprit.

Nous avons signalé à la planche LIII les rapports entre le pupitre de saint Jérôme et celui de la Vierge dans l'*Annonciation* d'Aix. Le thème des anges musiciens qui sera repris et amplifié dans le retable de l'*Agneau* est ici fort curieusement disposé sur l'édicule. Les apôtres sont ceux des Français du xiv<sup>e</sup> siècle, et la *Synagogue* qui se voit en haut à gauche rappelle celle du *Parement de Narbonne* (Pl. IV).

Ce dessin était peut-être destiné à l'enluminure, cependant la perfection du détail et la présence d'ombres portées à la plume, sembleraient indiquer que l'artiste avait exécuté une grisaille de sa main pour en faire une sorte d'entête au manuscrit.

Jacques Cône était né à Bruges. Comme la plupart de ses compatriotes artistes du xiv<sup>e</sup> siècle, il était venu s'établir à Paris et y avait perfectionné son métier suivant les canons des Parisiens. Son passage à Milan, qui l'avait mis en rapport avec Jean de Modène et les autres peintres de la Lombardie, lui avait donné une esthétique particulière où l'Italie et la France se venaient marier. On aura lieu de constater combien les Van Eyck auront à apprendre de ce maître, lorsqu'après 1415 il retournera, dit-on, à Bruges, son pays d'origine. N'a-t-il pas collaboré à l'*Agneau* ?

Les miniatures des *Très riches Heures* ont pu être exécutées par les Limbourg, mais *seulement sur les dessins* de Cône, le doute n'est pas possible. La mention de Gabriel Peignot serait alors parfaitement conciliable avec celle de M. Bernard Prost.

Quoi qu'il en soit le dessin reproduit ici est un des plus grands chefs-d'œuvre de l'art français lombardisé, de « l'ouvraige de Lombardie » signalé dans les inventaires du duc de Berry. Il renferme en embryon toute la peinture française et flamande, et il date de 1400-1404 au plus tard, près de dix ans avant l'époque fixée pour la composition de l'*Agneau* par le légendaire Hubert van Eyck. Ne serait-ce pas, après avoir reçu le manuscrit 166, à la mort de son frère que le duc de Berry eût songé à Jacques Cône pour la composition des *Très riches Heures*? Celles-ci auraient été composées entre 1404 et 1415, et c'eût été vers ce temps que les Limbourg — ou autres — en auraient commencé l'exécution enluminée, suspendue par la mort du duc de Berry.

Gravé par C.-N. Cochin dans le xviii<sup>e</sup> siècle.

Haut. 0<sup>m</sup>,25, Larg. 0<sup>m</sup>,22.   BIBLIOTHÈQUE NATIONALE. DÉPARTEMENT DES MANUSCRITS

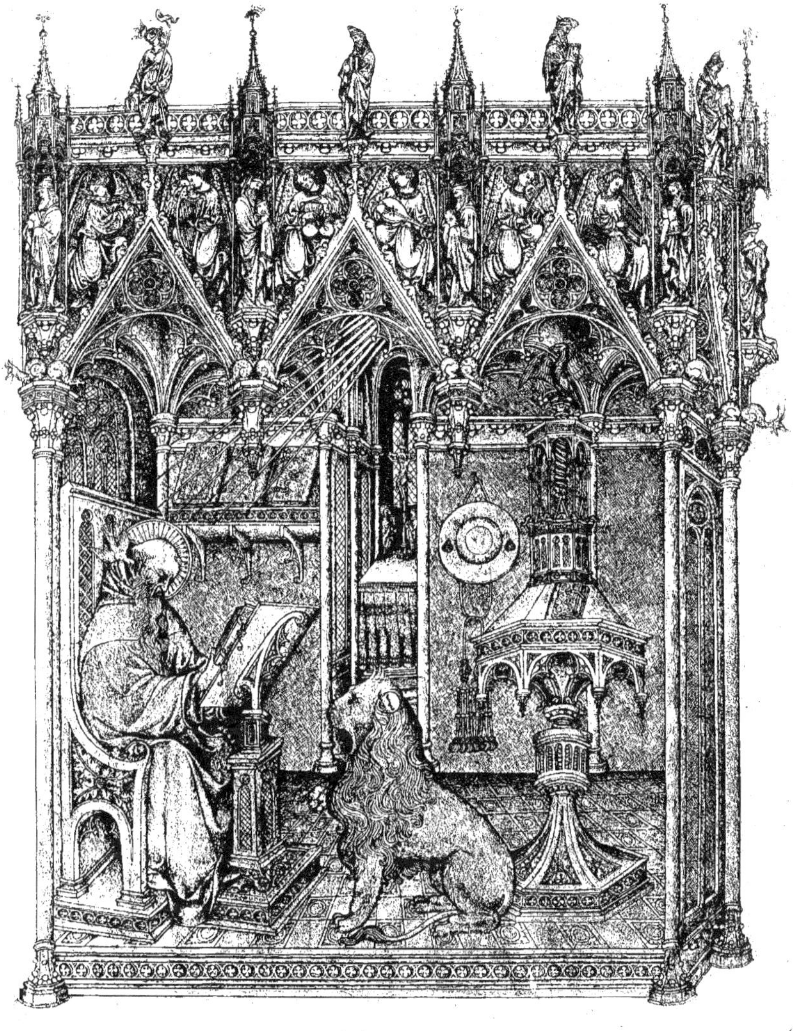

St JÉRÔME ET LE LION
École de Paris vers 1404
(Bibliothèque nationale, Dép.t des Manuscrits)

# DIPTYQUE

## LE ROI RICHARD II AUX PIEDS DE LA VIERGE MARIE

### Par un Anonyme de 1396

### Planche XIX

Voici l'une des œuvres les plus charmantes sorties des ateliers français du xiv$^e$ siècle. Le dessin et la couleur en sont également heureux; la composition naïve et jolie, les figures agréables, l'imprévu de certains détails nous montre les artistes en pleine possession d'eux-mêmes, et capables d'exécuter les pièces les plus compliquées. On devra mettre le *Roi Richard II* en parallèle de la planche II ci-devant. Ce sont les mêmes théories qui s'affirment, la même technique également. Par grand malheur ce morceau exceptionnel ne put figurer à l'Exposition des Primitifs français. Son propriétaire actuel, lord Pembroke, soucieux de sa conservation, ne crut pas pouvoir le confier; il craignit pour lui les mécomptes de voyages toujours possibles. On dut se contenter de l'excellente photographie de la maison Braun.

Très anciennement, dans la première moitié du xvii$^e$ siècle, il fut gravé en Angleterre par un artiste allemand fort remarquable, contemporain de Van Dyck, Wenceslas Hollar. Depuis, il fut étudié par Walpole, qui ne manqua point de l'attribuer à quelque vague Italien. Au temps de Walpole la légende de l'Italie était commencée; on eût paru fort ignorant de la vouloir contredire. De nos jours la Société Arundel a publié le diptyque en chromolithographie, mais rien ne saurait donner une idée juste de l'original. L'opinion en faveur d'une œuvre française avait déjà pris consistance, les vrais amateurs avaient démêlé très bien que ces panneaux gothiques, d'une composition naturaliste et sincère, ne concordaient nullement avec les œuvres italiennes du même temps, mais qu'ils s'alliaient mieux avec les travaux français, miniatures ou verrières, de la fin du xiv$^e$ siècle. C'est sous le nom de *French School*, école française, que le diptyque de Richard figura ces temps derniers dans une Exposition des princes souverains d'Angleterre, où il eut le plus grand succès.

Richard II, fils du Prince-Noir, Plantagenet d'origine, tenait à la France par son langage et ses goûts. Il était monté sur le trône à onze ans en 1377, et il resta toujours en rapport avec ses parents de France, les ducs, fils du roi Jean. Nous savons par diverses mentions d'archives qu'il recherchait les livres historiés. Charles VI lui avait offert le fameux *Bréviaire de Belleville* illustré par Jean Pucelle et ses compagnons, qui reste jusqu'à nouvel ordre le témoin de la priorité des Français dans la délimitation de certains thèmes graphiques (1). Richard II avait de plus connu le célèbre libraire parisien, Pierre de Vérone, qui fut même accusé en Parlement d'avoir tramé on ne sait quelles machinations contre la France. Or, ce Pierre de Vérone

---

(1) Ce manuscrit était exposé rue Vivienne sous les n$^{os}$ 24-26, avec notice sommaire par M. L. Delisle.

employait la plupart des peintres célèbres du temps, et il n'y aurait rien d'impossible à ce qu'il eût procuré l'un d'eux au prince. Dans son portrait, Richard II est un tout jeune homme, il aurait donc été peint entre la date de son avènement et l'année 1385 environ. Or dans cette année 1385, Richard II cherchait à se rapprocher de la France; ne vint-il point à Paris ou tout au moins dans ses domaines français vers cette époque? On a voulu penser que peut-être l'œuvre avait été exécutée en 1396, lors de la venue du prince à Calais pour son mariage avec Isabeau de France, fille de Charles VI, sœur du dauphin marié à Jacqueline de Bavière; mais la physionomie si jeune que lui a donnée le peintre ne concorderait guère. L'indiscutable parenté d'entre le diptyque de Richard et celui de la collection Carrand, reproduit à la Planche II, semblerait indiquer un artiste parisien comme auteur probable.

Il n'est pas supposable que ce peintre se fût permis certaines espiègleries remarquées dans la décoration de l'œuvre si on ne l'y eût convié. Richard, qui est le grand maître d'un ordre de chevalerie, le Cerf (The Stan), a voulu que, non seulement lui, sur sa robe d'apparat, portât des cerfs, mais il en ordonna pour les anges qui entourent la Vierge dans le volet de droite. Cette belle naïveté gothique nous étonne aujourd'hui, elle était alors la note courante. C'était le moment où les cimiers de joute se décoraient de figures singulières, ridicules souvent; en mettant aux anges l'ordre du Cerf, le roi prétendait imposer son estampille aux saints eux-mêmes. Cependant il ne la fit donner ni à saint Edmond, ni à saint Edouard, ni à saint Jean qui le présentent à la Vierge; il se contente des anges, personnages de moindre importance.

Si l'on veut bien comparer le saint Jean, placé en arrière du Roi, au saint Jean de notre Planche VI du *Parement de Narbonne* en arrière de Jésus-Christ, on se convaincra des rapports qui existent entre les travaux français et le diptyque du roi Richard. Ces nuances sont plus sensibles encore dans les coloris entre notre diptyque et celui de la Planche II. Les ors, la décoration des robes, les anges, les figures sont d'un style extraordinairement voisin.

Nous sommes encore au bégaiement; mais lorsque nos recherches se seront précisées, lorsqu'une indication péremptoire sera venue corroborer certaines impressions, on retrouvera en Angleterre nombre de tableaux aujourd'hui proclamés siennois ou florentins et qui viennent en réalité des ateliers parisiens. Ces œuvres, conquises chez nous pendant les guerres, furent précieusement gardées comme souvenirs des rudes batailles. Nous engageons ici les savants anglais à tourner leurs recherches dans ce sens, ils en seront récompensés.

Bois *Appartient à* LORD PEMBROKE

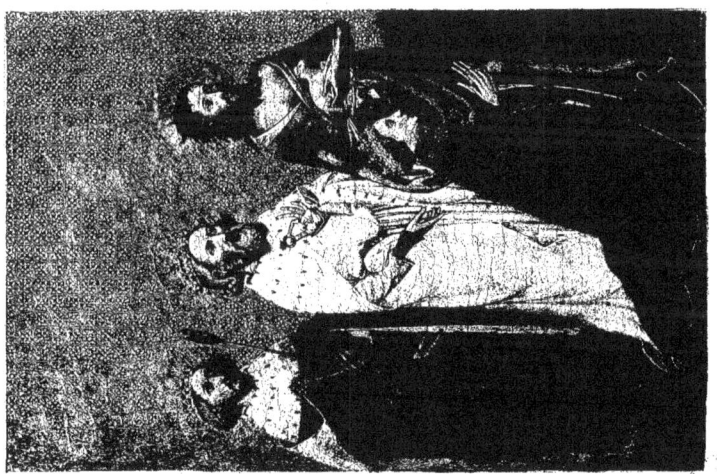

DIPTYQUE
LE ROI RICHARD II AUX PIEDS DE LA VIERGE
école de Paris vers 1395
(Coll. Bénédictins Victor Thomas)

# L'ANNONCIATION

PAR UN PEINTRE FRANÇAIS vers 1390

Planche XX

Cette pièce fait partie d'un diptyque dont le volet est peint au droit et au revers ; il comporte donc trois tableaux. L'exécution à l'huile sur fond d'or est un travail de peintre-sellier.

Nous avions beaucoup regretté que Madame Mayer van der Bergh d'Anvers ne pût nous confier trois peintures représentant un *Repos de la Vierge*, une *Résurrection* et un *Saint Christophe* faisant partie de la riche collection. Il se trouve que la présente peinture, le *Calvaire* et le *Baptême du Christ* qui l'accompagnent, faisaient partie du même polyptique. On pourra facilement le constater en comparant notre *Annonciation* aux reproductions que Madame Mayer van der Bergh joindra à son catalogue. Une des particularités de ces divers tableaux est le Père éternel accompagné d'anges échevelés qui se retrouve dans quatre des panneaux sur six. Ce Père éternel tient un livre et une sphère.

On n'a pas manqué de considérer ces œuvres, d'ailleurs secondaires, comme le travail d'un Flamand, mais une preuve matérielle de l'origine française nous est fournie par l'inscription du phylactère que porte l'ange de l'*Annonciation*. En effet, au lieu de *tecum* latin, l'artiste a écrit *tecom* suivant sa prononciation française. Un Colonais ou un Néerlandais eût écrit *tecoum*. Une chose est à signaler aussi, c'est la grosseur des prunelles dans les yeux des personnages, ce qui est fort rare alors. Les fonds sont gaufrés sur or, et dans le tableau du *Baptême du Christ*, l'artiste a étendu sur la scène un vernis blanc qui, mêlé à l'or, rappelle le vernis Martin. C'était là un des procédés des peintres-selliers parisiens.

Originairement ces tableaux devaient faire partie d'une châsse ou d'un tabernacle, et les deux volets peints sur leurs deux faces constituaient les portes de cette châsse. Le costume des gardes dans la *Résurrection* nous rapproche sensiblement d'une date voisine de 1380-1390. L'un d'eux a une ceinture à la mode en 1380-1390; un autre porte un casque pointu, encore rattaché à un haubert de mailles.

La Vierge de l'*Annonciation* est le même modèle que la Vierge couchée dans un des panneaux appartenant à Madame Mayer van der Bergh. Le saint Joseph de ce tableau est un des prophètes de l'École de Paris. Le *Saint Christophe* de la collection Mayer marche dans une eau poissonneuse, semblable à celle du *Baptême du Christ* de notre série.

En dépit de son allure un peu secondaire, et véritablement primitive, et aussi de certaines retouches peu heureuses, ces tableaux sont au nombre des monuments les plus précieux de notre vieille école du XIV$^e$ siècle. Un naturalisme naïf, un sentiment décoratif très sincère se montrent dans les six pièces qui nous sont restées de l'ensemble. Outre l'*Annonciation* la présente série comprend un *Calvaire* et le *Baptême du Christ* comme nous l'avons signalé ci-dessus.

Haut. 0m35. Larg. 0m20

M. CUVILLIER, NIORT

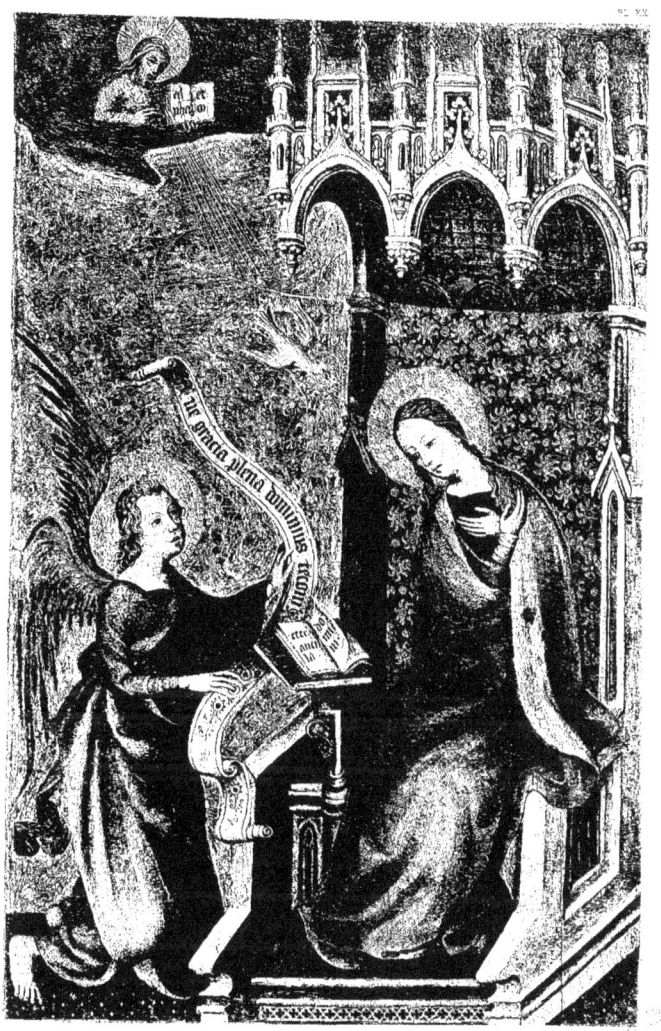

L'ANNONCIATION
École de Paris XIV-XV° siècle
(M. Cavalier, Niort)

# LES JUIFS EN ÉGYPTE

Anonyme de 1420 environ

Planche XXI

Nous avons dit que Jean Fouquet n'avait eu aucun besoin de la venue des Flamands en Touraine pour s'instruire dans les principes de son art; la *Bible historiale* à laquelle nous empruntons la miniature ci-jointe est une preuve. Ce manuscrit exécuté en 1420 environ, a conservé en grande partie les thèmes des *Très riches Heures* du duc de Berry, qu'on prétend être des Limbourg, mais qui peuvent tout aussi bien être de Jacques Cône, peintre et architecte de Paris, né à Bruges. Les rapports entre notre miniature et celles des *Très riches Heures* sont surtout sensibles dans l'architecture et les costumes, mais il est évident que le thème original est d'un copiste et non d'un maître inventeur. Nous y apercevons toutefois un certain nombre de pratiques dont Fouquet fera ultérieurement son profit. Les plis de costumes sont déjà brisés et non plus arrondis comme dans les *Très riches Heures*; mais les femmes, notamment celle qu'on aperçoit dans le petit cadre en bas à droite, sont empruntées aux *Très riches Heures*. Nous pourrions tout aussi bien retrouver dans les miniatures de Jean Fouquet des rapports étroits avec notre œuvre intermédiaire. Il est donc bien évident qu'entre les artistes du duc de Berry et Fouquet le lien existe; les Flamands ne sont pour rien dans sa formation originelle. Ses vrais *auteurs* sont plutôt les ouvriers de « l'ouvrage de Lombardie » employés par le vieux duc pendant plus de vingt ans à Bourges, Mehun, Poitiers, Riom et Paris.

Les scènes représentent la barbarie du Pharaon contre les Israélites qu'il contraint aux plus rudes travaux. On les voit labourer, herser, bâtir. Le Pharaon donne à ses officiers les ordres les plus sévères à leur sujet.

Le peintre a pris le thème de ses costumes juifs dans les dessinateurs du duc de Berry et chez les Parisiens du xiv$^e$ siècle. Par lui et ses contemporains le formulaire en passera aux ouvriers de la génération de Fouquet, et nous retrouverons les mêmes éléments chez Bourdichon ou chez le *Peintre des Bourbons*. Les Flamands du xv$^e$ siècle auront reçu ces documents de la même source française du xiv$^e$ siècle, et vraisemblablement des ateliers de Hesdin ou de Paris, de Jean Pucelle et de ses collaborateurs.

M. de Champeaux nommait la *Bible historiale* d'où est tirée notre miniature « Le Roi des manuscrits », ce qui est exagéré. C'est une œuvre secondaire, dont le plus grand intérêt réside dans la transformation qu'elle accuse, et dans la transition qu'elle indique entre les artistes du duc de Berry et les Tourangeaux du xv$^e$ siècle. Ce manuscrit en deux volumes porte les n$^{os}$ 20065 et 66 du fonds français.

Velin. Miniature in-fol.   BIBLIOTHEQUE NATIONALE, DÉPARTEMENT DES MANUSCRITS

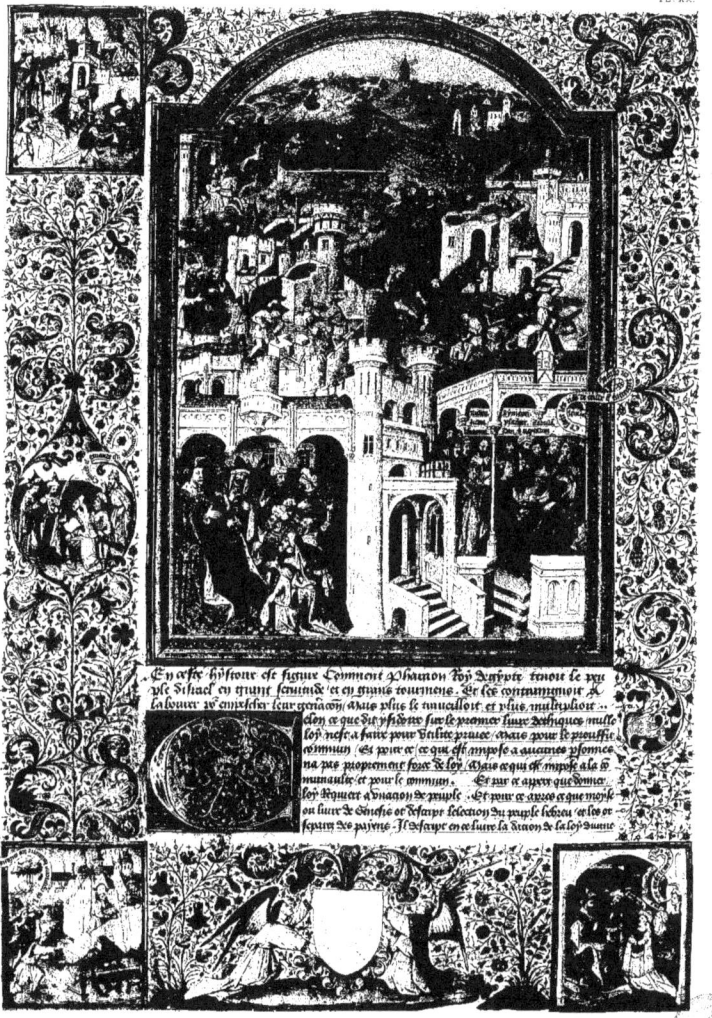

LES JUIFS EN ÉGYPTE
par un anonyme de 1420
(Bibliothèque nationale. Dép. des Manuscrits.)

# LA VIERGE PROTECTRICE

Vers 1420

Planche XXII

L'œuvre ici reproduite est l'une des pièces les plus intéressantes de l'exposition ; elle n'a guère été étudiée ni montrée. On n'a point manqué de la mettre au compte des vagues Italiens qu'une critique un peu naïve réputait nos maîtres. En réalité il s'agit ici de l'œuvre d'un Français de pure race et d'inspiration nationale, très rapproché comme date des merveilleux peintres du duc de Berry, s'il n'est l'un d'eux. N'oublions pas que ce prince possédait le château de Riom, qu'il avait fait construire là une Sainte-Chapelle, et que ses artistes habitèrent la contrée à divers moments. Or, nous pouvons dater le tableau, à quelques cinq ans près, grâce aux costumes laïques portés par les personnages de droite. Nous savons, par divers monuments datés, que les chapeaux en bourrelets ronds aperçus sur la tête des hommes et des femmes ont été de mode en France entre 1400 et 1420. Un manuscrit exécuté pour le duc de Berry entre 1400 et 1416 (le ms. français 166 à la Bibliothèque nationale), nous offre de nombreux exemples de cette coiffure ; elle est retrouvée sur un vitrail de l'église de Marcoussis que nous a conservé Gaignières (Dép. des Estampes, Pe 1 b. fol. 78) elle orne la tête du Vidame de Laonnois, Jean de Montaigu mort en 1409. Cette constatation a son importance si l'on veut bien reconnaître, avec nous, les grands rapports existant entre cette peinture et le *Triomphe de la Vierge* d'Enguerrand Charonton, de Laon, exécuté trente ou trente-cinq ans plus tard. Il est certain que Charonton est sous l'inspiration, et dans la dépendance artistique des peintres auxquels nous pourrions attribuer le tableau du Puy, si nous ne tenions avant tout à éviter les baptêmes faciles. Dans tous les cas, et quoi qu'on en puisse dire, la *Vierge protectrice* du Puy précède l'exécution de la célèbre composition des Mages de Gentile da Fabriano datée de 1424, où deux ou trois personnages ont adopté les coiffures dont nous parlions. En outre, si l'on veut se donner la peine de rechercher quelles ont été les intentions de l'artiste de la *Vierge protectrice*, on s'apercevra vite que dans le nombre des suppliants de droite l'Empereur, le roi de France, le duc de Berry, le duc d'Anjou et le duc d'Orléans ont leur place. On pourra comparer le portrait de Louis II d'Anjou ici reproduit (n° 28) au quatrième suppliant de la première ligne à droite. Les donateurs de l'œuvre paraissent être un bon bourgeois et ses deux femmes, aperçus au dernier rang, tout fiers de parader en si noble compagnie. De l'autre côté à gauche, le Pape, les patriarches, les moines, dont certain Carme très en vue, et un président au Parlement d'une cour française, — ce dernier surtout habillé suivant l'usage de la cour de Paris — ne laissent place à aucune hésitation.

Le thème de la *Vierge protectrice* sera ultérieurement exploité par les peintres, notamment par les Mosans et les Colonais pour sainte Ursule et les onze mille vierges.

La peinture est exécutée à la détrempe sur toile ; peut-être fut-elle une bannière rigide, peut-être devait-elle être maroufflée suivant les procédés des peintres de Dijon. Elle est digne de toute admiration, car elle est l'une des peintures françaises les plus anciennes. Elle appartenait autrefois aux Carmes du Puy ; leur église devenue paroisse la céda au Musée en 1850.

Haut. 1m45. Larg. 1m90                                                    MUSÉE DU PUY

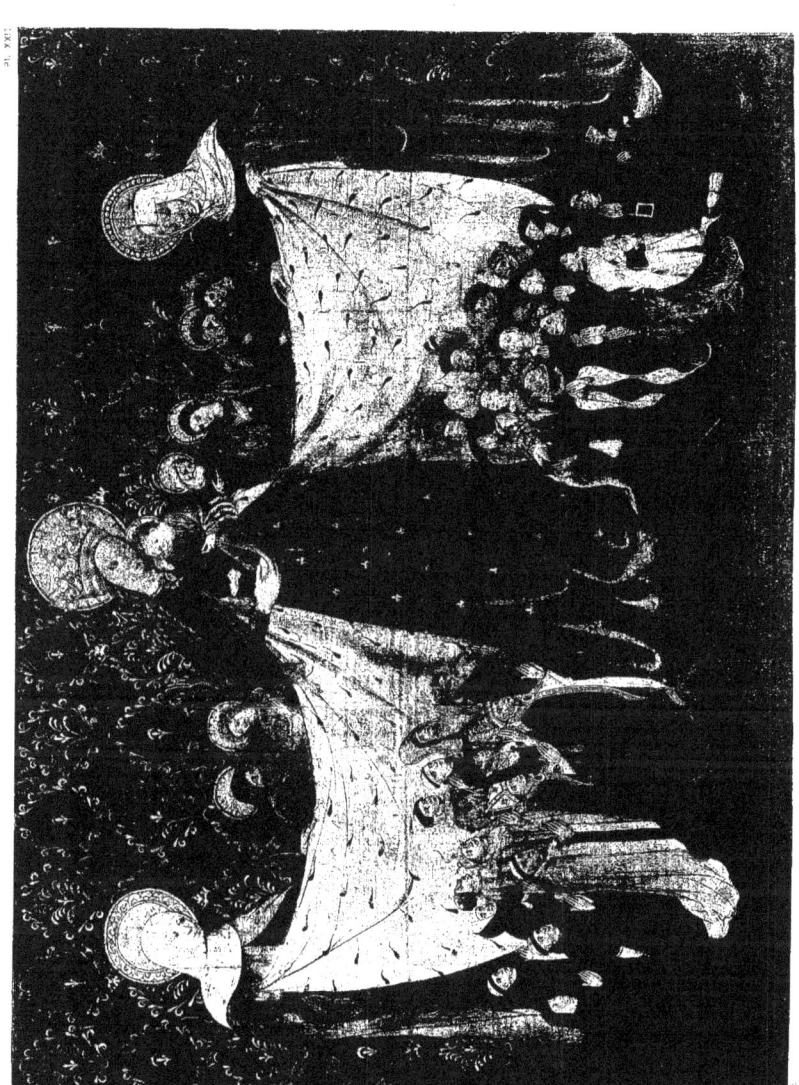

LA VIERGE PROTECTRICE
Ecole de l'Auvergne
(Musée du Puy)

# LE DUC DE BERRY A TABLE

### MINIATURE ANONYME DES TRÈS RICHES HEURES DE CHANTILLY

#### Planche XXIII

Nous avons expliqué, à la Planche XVIII, les raisons qui nous faisaient douter de l'attribution basée sur une mention de compte fournie par Gabriel Peignot. Cette note parle d'un manuscrit des *Très riches Heures* que « Pol et ses frères » eussent exécuté au moment où le duc de Berry mourut. Pol et ses frères, ce sont Pol Hennequin et Hermann de Limbourg, dits Malouel ou Manuel, ils paraissent être les neveux de Jean Malouel, peintre du duc de Bourgogne. Cependant à supposer que ces « frères enlumineurs » fussent les miniaturistes des *Très riches Heures*, ce qui n'est nullement établi, ils n'en auraient pas composé les scènes. Par ce que nous avons expliqué ci-devant à la Planche XVIII, Jacques Cône, peintre parisien originaire de Bruges, et ayant travaillé à Milan, nous paraîtrait plus indiqué comme auteur des illustrations originales, que des enlumineurs eussent ensuite interprétées.

Le duc de Berry à table a été *inventé* par un artiste de premier ordre, peintre, architecte, et non simple enlumineur. Le portrait du vieux prince, les personnages qui l'accompagnent, bien que déformés un peu par les interprètes, témoignent en faveur d'un maître. Et il n'est pas sans intérêt de rapprocher cette miniature de la *Vierge au donateur*, dite la Vierge d'Autun, attribuée à Jan Van Eyck et conservée au Musée du Louvre. Les différences n'existent pas dans l'exécution technique, les manières sont identiques dans l'intention. Les personnages debout sont habillés et coiffés comme le soi-disant Rolin du tableau.

Nous avons mentionné à la Planche XXIV ci-après la coïncidence du Parafeu aperçu en arrière du prince et qui se retrouve semblable dans une Vierge attribuée au maître dit de Flemalle qu'on a pensé être Jacques Daret, peintre de Lille, occupé à l'abbaye de Saint-Vaast pendant plus de vingt ans.

Le duc est représenté dans une salle de l'un de ses châteaux, et la tapisserie de fond, que les miniaturistes ont un peu trop marquée, est l'une des pièces exécutées à Arras par ses ordres. L'inventaire de ces tentures a été publié par M. J.-J. Guiffrey. Peut-être celle-ci est-elle la *Conquête de la Toison d'or*, une des plus importantes.

Le manuscrit des *Très riches Heures* passa, à la mort du duc, entre les mains de son gendre le comte de Savoie qui le fit terminer par de médiocres enlumineurs, sur des croquis préparés par le maître peintre.

Diverses circonstances sembleraient indiquer, nous le répétons, que cet artiste fut Jacques Cône; quant aux Limbourg, ils ne durent intervenir — s'ils intervinrent — qu'au titre secondaire de miniaturistes opérant sur les dessins d'autrui.

M. le comte Paul Durrieu prépare la publication de ce livre célèbre.

MUSÉE CONDÉ, à CHANTILLY

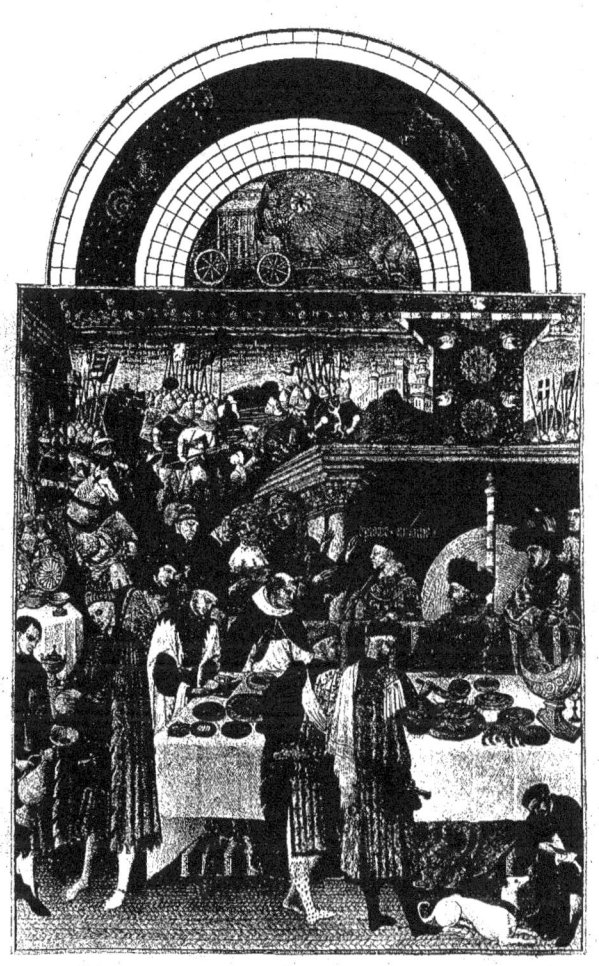

LE DUC DE BERRY
Miniature des Heures de Chantilly Fol. 1

# LA VIERGE A L'ÉCRAN D'OSIER

PAR LE MAITRE DIT « DE FLEMALLE » VERS 1430

Planche XXIV

Ce tableau et les deux suivants appartiennent à une famille d'œuvres que M. Von Tschudi a très ingénieusement rapprochées entre elles, et qu'il a groupées sous le nom empirique de « Maître de Flémalle » à cause d'un tableau du peintre rencontré dans ce pays. M. Van Tschudi a très longuement étudié les détails de ces œuvres, et c'est M. Georges Hulin de Gand qui a proposé le nom de Jacques Daret comme pouvant être celui de l'artiste anonyme. L'hypothèse est séduisante, mais les raisons que M. Hulin invoque à ce propos sont de pures conjectures basées sur la situation morale de Jacques Daret à la cour de Bourgogne, et la vraisemblance qu'il aurait pu travailler dans une abbaye de l'Artois. M. Hulin assimile cette abbaye à un paysage rencontré en arrière des personnages de notre Pl. 25. J'ai depuis longtemps fait remarquer les concordances d'entre les œuvres du Maître dit de Flémalle et les miniatures des *Très riches Heures* du duc de Berry dont il a été plus longuement parlé à la Pl. 13, et à la Pl. 23, ci-devant. L'écran ou parafeu rencontré dans la miniature du duc de Berry à table est identique à celui de la Vierge ici représentée. Le paysage entrevu par la fenêtre dans le tableau a de grandes affinités avec certaines vues retrouvées dans les *Très riches Heures*. La façon de disposer les plis, de les rendre, jusqu'à la physionomie un peu étrange et montonnière de la Vierge, les meubles, les rayons, sont de la descendance étroite des Limbourg. L'influence du centre français où opéraient les artistes du duc de Berry est donc très sensible sur le maître dit de Flémalle, et il ne serait pas invraisemblable qu'il fût l'un d'eux ayant poursuivi sa carrière jusqu'au milieu du XV$^e$ siècle. Il y a là des inconnues très singulières que personne n'a su résoudre encore et qui nous ont autorisés à exposer trois œuvres parmi les plus délicates et les plus remarquables du *Maître de Flémalle*. Celle dont nous parlons nous montre le côté humain que cet artiste traitait avec un charme particulier; la Vierge est dans un délicieux abandon de mère, et certainement elle reproduisait les traits un peu lourds d'une personne de l'entourage proche du maître, car ce même type se retrouve à diverses reprises.

Haut. 0$^m$62, Larg. 0$^m$48 *Appartient à* GEORGE SALTING, ESQ

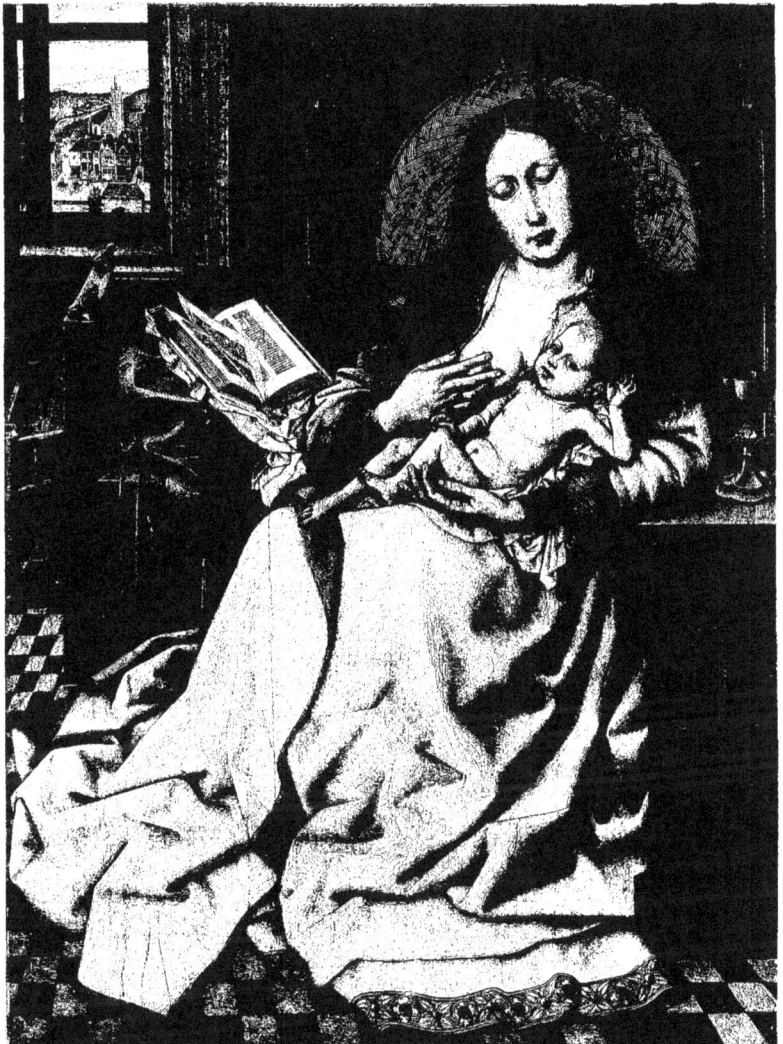

LA VIERGE ET L'ENFANT
par le Maître dit de Flemalle vers 1430
(Appartient à George Salting, esquire)

# LA VIERGE GLORIEUSE

PAR LE MAITRE DIT « DE FLEMALLE » VERS 1430

Planche XXV

Il a été question déjà de ce peintre qu'on a voulu voir apparenté à Van Eyck, ou du moins aux auteurs d'œuvres aujourd'hui attribuées à Van Eyck, et dont les caractères diffèrent au point de dérouter les plus zélés chercheurs. Si nous nous en tenons aux remarques principales, aux types rencontrés, à l'agencement général, à certains détails dans les objets et les costumes, la part de la France est aussi démontrée que peut l'être celle de la Flandre. Mais en rapprochant notre tableau de diverses pages du manuscrit du Musée Condé, les *Très riches Heures*, attribué aux frères Limbourg, les rapports se font plus étroits. Comme je le disais nous devons admettre un écart de près de trente ans entre les *Heures* et le tableau, mais le ou les artistes y sont sous une pareille influence. Certains thèmes graphiques, d'ailleurs inhabituels et retrouvés dans les *Heures*, les rayons des nimbes en fusées, les paysages, les nuages, le détail des objets poussé jusqu'à la minutie, les montagnes en pain de sucre derrière lesquelles se couche le soleil, sont autant de moyens employés par les Limbourg dans les *Très riches Heures*. On a objecté le type singulier de la Vierge, sans se donner garde que cette figure existe en France dans la sculpture indigène en grand nombre, notamment sur le haut-relief de la Ferté-Milon, récemment rapproché par M. Durrieu d'une miniature importante des Limbourg. Sans doute nous n'avons pas plus d'arguments décisifs que n'en ont les tenants du camp flamand, mais ces faits notent des circonstances assez curieuses pour nous permettre de chercher notre part dans la formation de ce maître exquis, très proche de nos miniaturistes du Nord, très voisin de nos vieux sculpteurs, et tel qu'on lui pourra quelque jour restituer divers tableaux pour le moment égarés sous le nom de Jean Van Eyck.

Haut. 0m48, Larg. 0m21    MUSÉE D'AIX-EN-PROVENCE

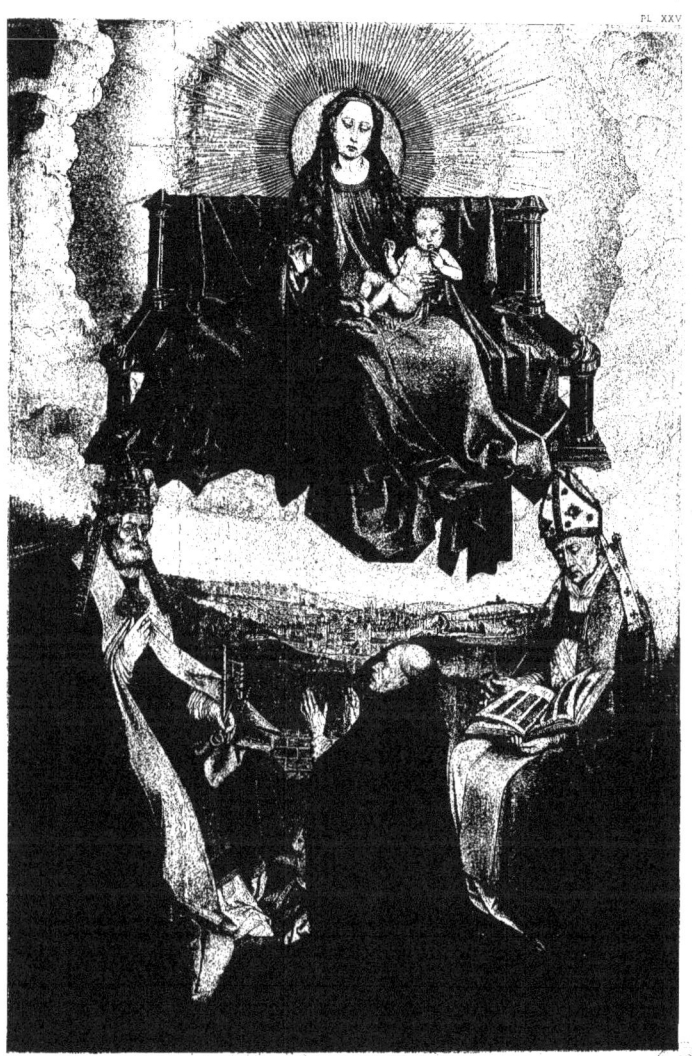

LA VIERGE GLORIEUSE
par le Maître dit de Flémalle
(Musée d'Aix)

# LES

## LA PEINTURE EN FRANCE,
### SOUS LES VALOIS

PAR

M. HENRI BOUCHOT

MEMBRE DE L'INSTITUT
CONSERVATEUR DU DÉPARTEMENT DES ESTAMPES
A LA BIBLIOTHÈQUE NATIONALE

LIBRAIRIE CENTRALE DES BEAUX-ARTS
RUE LAFAYETTE, 13
PARIS

# LE DONATEUR ET SAINT VICTOR

### PAR LE PEINTRE DES BOURBONS (?) vers 1480

Planche LXXVI

Ce qui frappe dans cette œuvre remarquable, c'est l'attitude du saint guerrier, qu'on ne peut s'empêcher de comparer au saint Étienne du *Chevalier* de Berlin (Pl. 33). L'inclinaison de la tête, la sérénité un peu triste du visage, la précision des détails, la pose de la main sur l'épaule du donateur écrivent une descendance formelle, bien peu contestable. Le peintre du *Donateur* de Glasgow a étudié son art dans les mêmes milieux, sous les influences de l'École du centre de la France. D'autre part le paysage montueux et coupé d'arbres a les plus grands rapports avec ceux du Maître de Moulins, notamment dans le portrait de Pierre de Bourbon (Pl. 77) et dans celui d'Anne de Beaujeu (Pl. 78). Les nuages légers sont également ceux du peintre des Bourbons.

On a attribué le tableau à Van der Goes, mais dans le moment l'opinion tourne un peu. On parle de Van der Goes à cause du triptyque des Portinari où certains détails paraissent concorder ; mais les caractères énumérés plus haut ne sont pas de ceux que Van der Goes recherche dans ses œuvres.

Le personnage représenté, qu'on a cru un instant être le roi René lui-même est un prince, car il porte le chapel de Chevalerie, et non un chanoine prêtre. La chappe dont il est revêtu est le signe d'une dignité ecclésiastique ; ce prince est *avoué* d'une abbaye, c'est-à-dire protecteur laïque, défenseur chevalier des moines. De quelle abbaye peut-il être question ?

Le saint protecteur est, ou bien saint Maurice, ou bien saint Victor. Le rais d'escarboucle de son écu constitue à lui seul les armes des abbayes victorines ; l'abbaye de Saint-Victor de Paris portait ce blason dès le xii$^e$ siècle. C'est vraisemblablement le même saint que Nicolas Froment a mis derrière le roi René dans le *Buisson Ardent* (Pl. 48). Cependant je ferai observer que saint Maurice a les mêmes armes dans les statuts de l'ordre du Croissant fondé par le roi René. (Manuscrit de la Bibliothèque de l'Arsenal.)

Il n'est plus possible aujourd'hui de reconnaître le roi René dans le chanoine agenouillé en dépit d'un air de famille. M. Paul Durrieu, à qui nous sommes redevables d'hypothèses fort séduisantes, propose à sa place le roi de Sicile Charles IV, neveu du roi René et son successeur en 1480, lequel était avoué de Saint-Victor de Marseille et mourut en 1481. Le chardon lorrain sur la patte de la chappe n'est pas sans donner consistance à cette opinion. En effet, Charles IV avait épousé la fille du comte de Vaudémont, Ferry de Lorraine. La ressemblance d'entre l'oncle et le neveu s'expliquerait donc très bien. Malheureusement ce sont là des conjectures ; en dépit de leur côté séduisant il nous manque un point d'appui sérieux pour oser conclure. De même en est-il pour l'artiste à proposer. Si le nom de Van der Goes n'est plus admis aujourd'hui, nous ne saurions sans réticences nommer le peintre des Bourbons. À l'époque où le portrait eût été peint — au cas où l'hypothèse de M. Durrieu se justifierait — Van der Goes mourait, et le peintre des Bourbons n'avait peint à notre connaissance que le Jean Rolin d'Autun. Certes les rapports entre le portrait de Rolin et celui de l'avoué de Saint-Victor sont assez étroits pour permettre une assimilation, mais il faudrait admettre alors que l'artiste fût un disciple direct de Jean Fouquet, tant le guerrier protecteur nous paraît proche du maître tourangeau. Et si, comme on a tout lieu de le penser, grâce à certains indices recueillis dans le *Triptyque de Moulins*, et le portrait de la *Donatrice Somzée*, le peintre était Jean Perréal, il en eût été aux débuts de sa carrière. Il mourut en 1527, très tard dans le règne de François I$^{er}$, mettons à 77 ans. En 1475 ou 1480, date du portrait, c'eût été un homme très jeune, et il est rare de voir un débutant toucher de prime saut à une telle perfection. N'en demandons pas davantage; nous en sommes réduits aux hypothèses; nous voulons ne pas les ériger en mot d'évangile ni leur donner force de loi. Ces grands maîtres semblent avoir mis un malin plaisir à dérouter nos recherches, et à rendre anonymes nos admirations aussi bien en France qu'en Flandre ou qu'en Italie.

Haut. 0$^m$550. Larg. 0$^m$465                                               MUSÉE DE GLASGOW

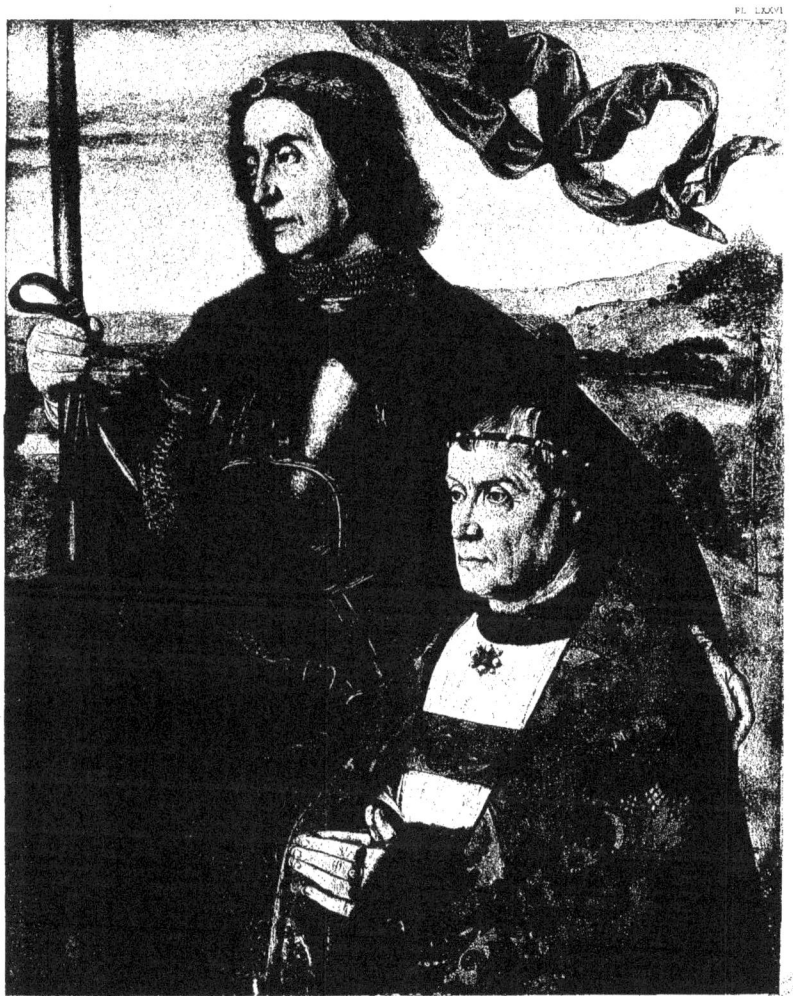

CHARLES IV D'ANJOU, EN AVOUÉ CHEVALIER DE ST VICTOR DE MARSEILLE
par le Peintre des Bourbons vers 1488
(Musée de Glasgow, Écosse)

# PORTRAIT DE PIERRE II DUC DE BOURBON

PAR LE PEINTRE DES BOURBONS, vers 1488

Planche LXXVII

Nous avons suffisamment expliqué ci-devant, quelles raisons se peuvent invoquer en faveur de Jean Perréal, pour la composition des œuvres attribuées au Maître, dit le Maître de Moulins ou le Peintre des Bourbons. Tout s'accorde à cette opinion. Le portrait que voici lui a été retiré par excès de conscience. Lorsque je découvris en 1887 la petite miniature du manuscrit 14363 à la Bibliothèque nationale, en préparant mon ouvrage sur les Reliures d'art, je n'avais pas manqué d'y apercevoir aux côtés de Charles VIII, qui y figurait, son beau-frère le duc Pierre II, on eût dit calqué sur le présent portrait. Or, l'auteur de cette miniature est le maître qui nous a laissé la Vierge Huybrechts et le tableau de l'Évêché d'Autun ; les anges retrouvés dans les tableaux et sur la miniature, ne laissent aucun doute (voir la miniature pl. XCVIII). J'ai toujours pensé que la miniature en question avait dû être exécutée en 1494, pendant le séjour d'Anne de Bretagne à Moulins ; le sentiment de protection de l'ange représenté, nous fournit à ce sujet quelques vraisemblances.

Le cadre du présent portrait nous donne un état civil complet du personnage, mais pas plus que pour le dauphin Orland nous ne faisons état des cadres. Nous savons trop que ces sortes d'indications nous ont réservé de surprises dans les tableaux flamands, qui d'une pièce du XVI° siècle font un Van Eyck. Mais ici les indications concordent avec une figure connue d'autre part : Pierre duc de Bourbon et d'Auvergne conte de Clermont, de Fourest (Forez) et de Giem, vicomte de Carlat et de Murat, seigneur de Beaujolais de Chatel-Chinon, de Bourbon Lancey et d'Annonay, per (pair) et Chamberier de France, lieutenant du Roy et gouverneur de Languedoc l'an mil CCCCIIIIXX et et VIII.

Le duc Pierre, alors âgé de 49 ans, a été représenté comme le Donateur de la planche LXXVI sur un fond de paysage clair, qui paraît être un parc traversé par une rivière. Les collines arrondies, les arbres, le ciel, les nuages légers sont ceux du Peintre des Bourbons. Pierre II a cette année même hérité du duché de Bourbon à la mort de son frère Jean. Auparavant il n'était que Seigneur de Beaujeu, et sa femme la dame de Beaujeu (Pl. LXXVII). Pour nier comme on l'a fait que ce tableau fût du Maître dit le Maître de Moulins, c'est-à-dire Jean Perréal, il faudrait oublier et le portrait du Cardinal de Bourbon à Chantilly, et le volet de gauche du triptyque de Moulins. La subtilité, prétendue consciencieuse, qui met, entre des travaux si incontestablement fournis par le même artisan, une nuance de manière, de procédé, de je ne sais quoi, n'est plus de la conscience mais de la recherche maladive. Celui qui a exécuté ce portrait est l'homme dont nous parlons à la notice suivante, et qui, à différentes époques, a peint la miniature du ms. f. 14363, la Vierge Huybrechts et le triptyque de Moulins. L'homme avait voyagé, il avait appris, il s'était un peu transformé dans la main et la touche. Comparez un Henner du début avec un Henner de dix ans plus tard ; vous aurez les mêmes surprises. Je garde donc l'admirable tableau du Louvre, un peu sec peut-être, au Peintre des Bourbons. Il dut être le volet gauche d'un triptyque dont le suivant fut le volet de droite. Et lorsque le peintre eut à refaire le prince en grand apparat et très vieilli, il reprit tout simplement ce visage, cette pose, en y ajoutant des accessoires. Le saint Pierre lui-même paraît avoir été inspiré du même modèle dans les deux cas.

Provient du roi Louis-Philippe en 1842.

Haut. 0m84, Larg. 0m77, avec son cadre.

MUSÉE DU LOUVRE

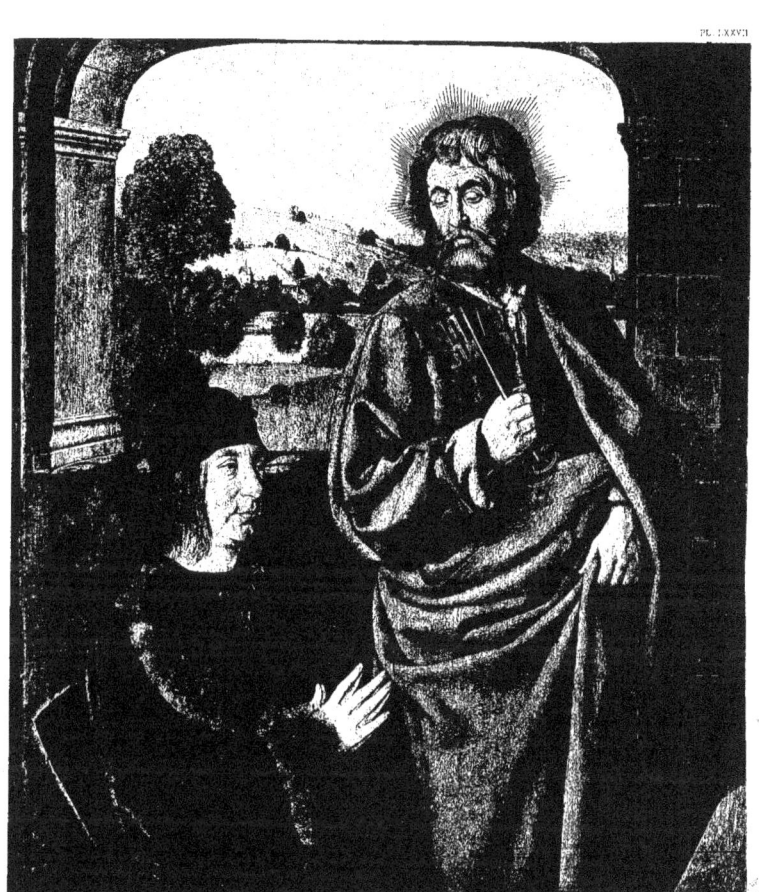

PORTRAIT DE PIERRE II DUC DE BOURBON
par le Peintre des Bourbons 1488
(Musée du Louvre)

# PORTRAIT D'ANNE DE BEAUJEU

## DUCHESSE DE BOURBON

### PAR LE PEINTRE DES BOURBONS, 1488

#### Planche LXXVIII

Nous avons expliqué ci-devant à propos de la planche LXXIV quelles raisons documentaires permettaient de penser à Jean Perréal, dit Jean de Paris pour l'exécution du Triptyque de Moulins. Des raisons semblables nous feraient lui donner également l'œuvre ici reproduite, où la duchesse Anne de Beaujeu, fille de Louis XI, nous est montrée sur ses vingt-sept ans. Anne de Beaujeu est née en 1461, elle a épousé Pierre II en 1474, elle a été régente déjà pendant la minorité de son frère. C'est, comme on le voit, une femme au masque volontaire, à la bouche autoritaire, aux yeux myopes. Le peintre qui a exécuté ce portrait fera plus tard la donatrice et la Madeleine de la pl. LXXXII. Il est encore l'artiste plus calme et plus suave du tableau d'Autun (Pl. LXXXIII.)

C'est en 1488 que la princesse Anne devient duchesse de Bourbon, à la mort de son beau-frère, Jean II (marié à une fille de Charles VII, tante d'Anne de Beaujeu). Ce portrait faisait pendant à celui du duc Pierre II (Pl. LXXVII). Tous deux étaient sans aucun doute les volets d'un triptyque dont le panneau central est perdu. Tandis que le portrait du duc était entré à Versailles, puis au Louvre, celui de sa femme, rogné de son cadre, fut recueilli par M. J. Maciet, il y a quelques années et offert au Louvre.

Nous avons dit que, en 1487, Jean Perréal est à la cour de Moulins. Ce qui le prouve c'est que, en 1487 sur la fin de l'année, le 6 octobre, il est chargé par la princesse, conjointement avec son compagnon Lancelot de la Varenne (successeur de Tristan l'Hermite), d'aller réclamer un dépôt de bijoux fait autrefois à Madame du Plessis-Bourré. M. de Maulde dans son livre sur Perréal nous a fourni cette preuve du séjour de Perréal à Moulins d'après l'acte authentique conservé à la Bibliothèque nationale (ms. fr. 20490 fol. 61). Un critique plein de subtilité a nié que ce portrait fût de la main de l'auteur du *triptyque*, mais la juxtaposition des œuvres à l'Exposition des Primitifs a permis de conclure. Si l'on veut d'ailleurs se donner la peine d'analyser les procédés de l'artiste à qui nous devons le tableau d'Autun (Pl. LXXXIII) on s'aperçoit très vite combien les œuvres sont proches, on pourrait même dire identiques, dans la tenue générale. Le paysage aperçu ici, qui doit représenter le château de Bourbon-l'Archambault, est dans la façon exacte de celui du tableau d'Autun. Les arbres, les ressauts du terrain sont de la même main. Le saint Jean un peu inattendu ici — puisque la patronne de la duchesse est sainte Anne — rappelle le saint Joseph du tableau d'Autun. Il faut, en vérité, avoir l'œil d'une acuité de vision bien remarquable pour trouver des nuances entre l'un et l'autre. Je dois reconnaître que bien peu de nos contemporains paraissent posséder ce don.

A notre sens ce portrait est bien du Peintre des Bourbons, celui qui exécuta l'effigie du cardinal de Bourbon en 1485, du duc Pierre en 1488, et qui composa ultérieurement le triptyque de Moulins son œuvre capitale. Au point de vue historique — et l'on a tort quand on fait de la critique de dédaigner l'histoire — tout concorde en faveur de Jean Perréal. Sous le rapport purement esthétique rien ne le repousse. Les bijoux de la princesse, l'attitude sévère, le paysage, la figure accessoire, l'architecture du premier plan sont du peintre à qui nous devons le tableau d'Autun, le tableau de Suzanne de Bourbon (Pl. LXXIX), le triptyque de Moulins (Pl. LXXII-LXXV) et la donatrice (Pl. LXXXII). Le moins expert en ces questions ne saurait en disconvenir. Que si nous notons quelques défaillances ici ou là, voyons-y ce que les peintres les plus habiles laissent échapper de temps à autre.

Le saint Jean inattendu est ici un personnage symbolique. Il était le patron du duc défunt, il donne l'investiture du duché à la princesse Anne qui lui avait d'ailleurs une dévotion particulière. C'est pourquoi le château de Bourbon s'aperçoit dans le lointain.

Haut. 0m48, Long. 0m50

MUSÉE DU LOUVRE

ANNE DE BEAUJEU DUCHESSE DE BOURBON
par Jn Perréal dit Jean de Paris 1488.
(Musée du Louvre)

# PORTRAIT DE SUZANNE DE BOURBON

DUCHESSE DE BOURBON

PAR LE PEINTRE DES BOURBONS, vers 1497

Planche LXXIX

Ce portrait d'enfant eut une singulière destinée : passé on ne sait comment dans les collections de Don Sébastien Gabriel de Bourbon, il fut longtemps attribué à Holbein, et quelque vague ressemblance de costume avec un portrait de Jeanne la Folle, publié par Cardereira, le fit considérer comme représentant cette princesse. C'est M. Paul Durrieu qui le premier signala la ressemblance de cette figure avec celle de Suzanne de Bourbon, retrouvée dans le triptyque de Moulins (Pl. LXXIV). Une considération particulière démontrera mieux que tout l'attribution de M. Durrieu, c'est la ressemblance extraordinaire de cette enfant avec Jeanne de France, fille de Louis XI, sa tante maternelle. On a conservé le moulage de la tête de Jeanne de Bourbon, le nez, le dessin des sourcils, le menton, sont ceux de notre petit portrait. De plus l'enfant tient dans ses mains le chapelet que Jeanne de France, mariée au futur Louis XII, avait inventé en l'honneur des Vertus. Au temps de ce portrait Jeanne de France, maltraitée et délaissée par son mari, alors duc d'Orléans, était en très grand honneur à la Cour de Moulins ; il n'est donc pas étrange que l'enfant ait adopté les marques particulières de piété de sa tante et s'en pare dans un portrait.

Une destinée pareille à celle de Jeanne de France attendait la petite Suzanne. Née en 1491, laide, chétive, un peu contrefaite, fille du duc Pierre de Bourbon et d'Anne de Beaujeu, elle eut une jeunesse pénible et maladive. Les enfants de Louis XI n'avaient qu'une vie mesurée et calamiteuse ; Charles VIII était affligé des pires atavismes, Jeanne, sa sœur était rachitique, laide de visage. Anne de Beaujeu, qui tenait de son père une allure hautaine, souffrait de ses nerfs. Issue de cette race dégénérée, Suzanne comme le dauphin Orland, son cousin, était marquée pour la mort. Elle s'en garda pour son plus grand malheur, car on lui fit épouser Charles de Bourbon, son parent, le futur connétable, à qui elle apportait le duché de Bourbon. Le nom de cet homme est resté légendaire en France ; peut-être comprenons-nous mal aujourd'hui ces caractères ; il personnifie le traître, mais avant de renier son pays, il avait maintes fois renié la pauvre créature que la politique lui avait imposée comme femme. Le martyre de Suzanne de Bourbon fut égal à celui de Jeanne de France, sa tante ; il eût semblé que si rapprochées par les ressemblances physiques, elles dussent souffrir pareille destinée.

Elle fut peinte dans les premiers temps de sa jeunesse heureuse ; mais on la sent renfrognée déjà et timide. Le peintre qui a laissé les portraits de son père et de sa mère vers l'année 1488, a composé cette effigie comme le complément obligé vers l'année 1497. En arrière d'elle, c'est un château qu'on n'a pas su identifier, mais qui est l'une des résidences du duc de Bourbon. Au loin c'est le paysage bourbonnais aperçu dans les tableaux du maître, les collines, les châtaigniers, les nuages légers. On avait pensé que peut-être le portrait se liait à quelque œuvre pieuse, en volet de diptyque, et l'on désignait la Vierge Huybrechts de Bruxelles (Pl. LXXX) comme pouvant être ce panneau. Mais les différences de ton, les qualités de peinture ne permettent pas de s'arrêter à cette opinion. Et puis les dimensions sont un peu différentes et paraissent contredire.

Au contraire l'aspect un peu sec et assez terne de l'œuvre la rapproche sensiblement des portraits du père et de la mère de Suzanne de Bourbon exécutés en 1488, qui tous deux sont au Louvre.

Suzanne de Bourbon appartient aujourd'hui à la collection de M. Manuel de Yturbe à Paris.

Haut. 0m32, Long. 0m23

*Appartient à* M. MANUEL DE YTURBE, *PARIS*

Pl. LXXIX

PORTRAIT DE SUSANNE DE BOURBON
par le Peintre des Bourbons 1488
(M. de Klercks, Paris)

# LA VIERGE ET L'ENFANT

### PAR LE PEINTRE DES BOURBONS, VERS 1490

### Planche LXXX

On a longuement parlé du Peintre des Bourbons à la Pl. 72. Nous sommes ici en face d'un de ses plus grands chefs-d'œuvre, et il est nécessaire d'insister un peu.

Composée quelques années après la Vierge du cardinal Rolin, la *Vierge de Bruxelles*, dite la Vierge Huybrechts, à cause de la collection à laquelle elle appartenait, paraît avoir été inspirée par le même modèle de femme. Toutefois cette jeune femme a pris un peu d'embonpoint, tout en conservant la sérénité chaste et digne de la Vierge du cardinal Rolin. Peut-être est-il bon de la rapprocher également de celle du célèbre *Triptyque de Moulins*, l'œuvre la plus importante que nous puissions attribuer au Maître.

Les quatre anges que nous apercevons ici prêtent à de curieuses confrontations. D'abord si on veut les mettre en parallèle de la miniature du ms. français 14.363 à la Bibliothèque nationale, et avec ceux de la Vierge Rolin on aura le sentiment d'une parité absolue. Il semblerait même que ces modèles d'enfants fussent autant des filles que des garçons. Celui de la partie supérieure à droite, dont les mains sont étendues, rappelle la Madeleine de la *Donatrice Somzée* (Pl. 82), les autres sont très près de ceux fournis par l'admirable miniature du ms. 14.363 que nous avons eu l'honneur de signaler à M. le comte Durrieu en 1888 (*Les Reliures d'art de la Bibl. Nat.* pl. XVII à la notice). Comme cette miniature (Pl. 98) nous montre Charles VIII, le duc de Bourbon, le duc d'Orléans et Anne de Bretagne — celle-ci sous les traits d'un ange — on a tout naturellement pensé à Perréal, l'auteur des dessins du tombeau du duc de Bretagne à Nantes. On pourra opposer les anges du tombeau à ceux-ci, on sera frappé des analogies. Une particularité, c'est que les anges du tombeau de Nantes soutiennent le coussin de tête du duc de Bretagne, comme fait celui que nous voyons ici soulever le coussin de l'enfant Jésus. Quant aux concordances entre la *Vierge de Bruxelles* et le *Triptyque* de Moulins il suffira de comparer la manche de la Vierge, finement bordée d'hermines, avec le bas de la robe de la mère de Dieu dans la partie centrale du *Triptyque*. C'est l'identité complète et indiscutable.

L'enfant Jésus, de même que celui de la Vierge Rolin, est un chef-d'œuvre de naturalisme vrai. La reproduction ne donne qu'une idée fort imparfaite de ce corps d'enfant si plein de vie. Le *Peintre des Bourbons* se distingue de tous ses congénères, même du célèbre Van der Goës par son extrême habileté à traduire les chairs d'enfant, à semer leur tête d'un duvet impalpable, et contrairement aux plus habiles Flamands, David ou Memling, à construire des enfants viables.

Le Musée de Bruxelles a très généreusement prêté ce petit chef-d'œuvre à l'Exposition des Primitifs français. J'avais signalé les dimensions du panneau et celles de la petite Suzanne de Bourbon de la collection Yturbe. Celle-ci aurait-elle été le volet d'un petit triptyque dont la Vierge Huybrechts eût constitué le panneau central ?

Haut. 0m26. Larg. 0m26.

MUSÉE DE BRUXELLES

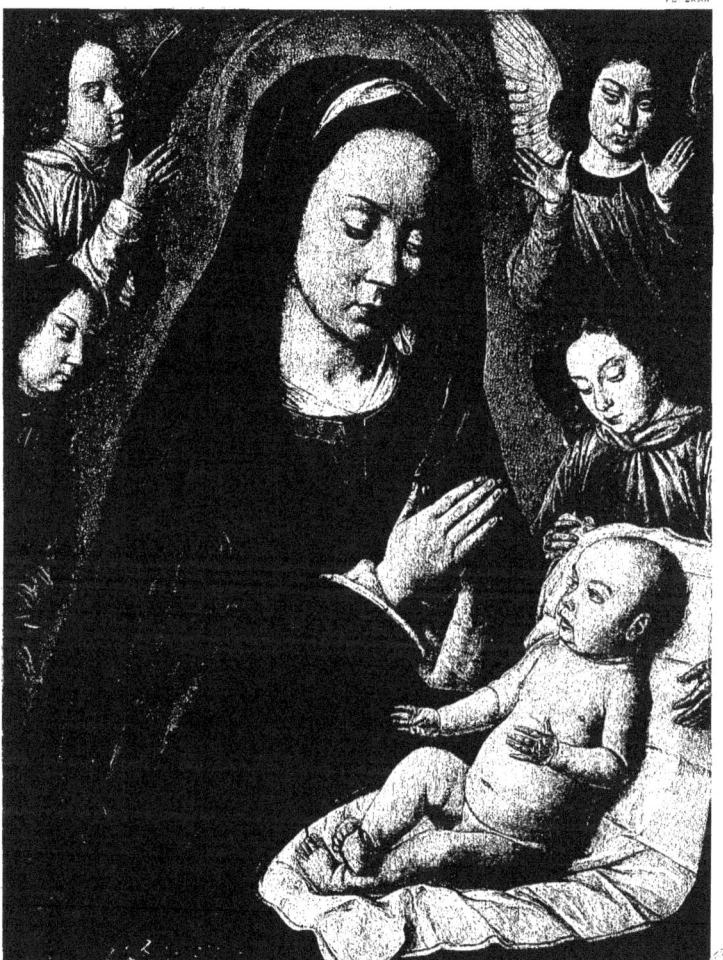

LA VIERGE ET L'ENFANT
par le Peintre des Bouillons vers 1490
(Musée de Bruxelles)

# LA VIERGE GLORIEUSE

## COURONNÉE PAR DES ANGES

### Planche LXXXI

Ce délicat morceau de peinture, dont les dimensions sont de très peu supérieures à la reproduction, ne paraît pas être de la main du Peintre des Bourbons. Du moins en dépit d'une coloration très voisine de celle du *Triptyque de Moulins* ne pouvons-nous reconnaître ici les anges si particuliers du grand artiste des Bourbons. Il semblerait cependant que ces anges ne fussent ni de l'école Ganto-Brugeoise, comme certains le disent, ni spécialement conçus dans la manière du Maître d'Outremont. Ce sont des anges d'origine tourangelle, exécutés par un artiste du centre ayant eu des rapports de travaux avec le Peintre des Bourbons. La tête de la Vierge est d'ailleurs très différente de celle des madones de l'école du Nord, et la couleur de sa robe est peu habituelle en Flandre.

Le paysage aérien et léger, aperçu au-dessous, rappelle également ceux du Peintre des Bourbons, mais avec plus de charme et une atmosphère plus éclatante.

Ce petit tableau, inconnu jusqu'aujourd'hui, provient d'un vieux prêtre qui en avait fait un objet de dévotion ; certaines parties de la peinture ont été usées sous les baisers des fidèles.

Dans son ensemble, la *Vierge glorieuse* donnerait l'impression d'une miniature de l'école de Jean Fouquet. Serait-elle l'œuvre d'un élève ou d'un parent du maître tourangeau ? La date paraît être de 1500 à 1515 plutôt que de 1490 à 1500, comme on l'a cru.

Haut. 0m20, Larg. 0m16 *Appartient à* M. JULES QUESNET, *PARIS*

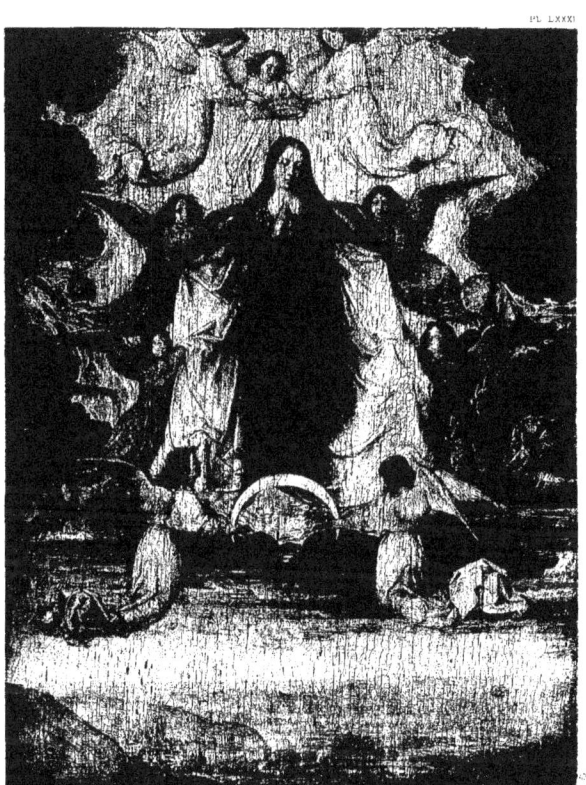

LA VIERGE GLORIEUSE
École française XVI⁰ siècle

# UNE DONATRICE ET LA MADELEINE

PAR LE PEINTRE DES BOURBONS, vers 1495

Planche LXXXII

Ce tableau qui provient de la vente Somzée, qui passa depuis entre les mains de MM. Agnew de Londres, appartient au Louvre depuis quelque temps. C'est l'une des œuvres les plus significatives du maître, réputé *mystérieux*, que nous avons baptisé le Peintre des Bourbons, mais que tous désignent comme Jean Perréal, dit Jean de Paris. Le tableau dont nous nous occupons nous offre un argument significatif. C'est le personnage de la Madeleine, coiffée comme certaine figure du tombeau de Nantes qu'on sait avoir été dessinée par Jean Perréal. Cet arrangement de tête est très particulier au Peintre des Bourbons ; nous le retrouvons à la sainte Anne du triptyque de Moulins, il équivaut à une signature. Or, partout où Jean Perréal a officiellement passé, ce genre de toilette se retrouve. Toutefois rien ne justifie à première vue l'ingérence du Peintre des Bourbons dans cette œuvre elle aussi assez mystérieuse, car le personnage représenté, la femme laide que nous voyons, n'a pu être identifiée encore. Tant qu'on ait cherché les femmes du nom de Madeleine dans l'entourage des Bourbons, aucune ne répond comme date à la peinture. Il est certain cependant que le personnage est de conséquence, car les bijoux, les chaînes d'or, la qualité des vêtements trahissent une origine élevée. Et l'artiste s'est pour ainsi dire surpassé dans la précision méticuleuse des détails, dans le rendu des soies ou des velours ; il semblerait que son modèle eût été pour lui un juge très sévère, dont il eût craint les critiques. La Madeleine est la figure ordinaire des Vierges du maître des Moulins, sa femme probablement ou sa fille, — sa femme plutôt — car si l'on veut comparer la sainte femme de notre présent tableau à la Vierge du tableau d'Autun (Pl. 83) on constatera l'étonnante ressemblance entre les deux personnages, le nez, les yeux, la bouche, la main surtout au pouce très spécial, aux stries et aux lignes si particulières. Entre les deux œuvres nous avons donc une signature plus assurée que ne serait un nom mis au pinceau.

Mais, qui est la princesse présentée en un tel appareil? Elle était autrefois agenouillée devant quelque Mère de Dieu tenant son enfant ; elle est seule aujourd'hui, et le geste de présentation de la Madeleine est inexplicable. Nous avons longuement cherché dans l'entourage des Bourbons, dans la maison de France, dans les alliances même, aucun nom ne convient. On avait pensé à la descendance de René d'Anjou, dont la physionomie n'était pas sans rapports généraux avec celle de la donatrice, mais ses enfants n'avaient guère été dans les pays où le Peintre des Bourbons travaillait à cette date. Une de ces bâtardes y fût cependant, et elle se nommait *Madeleine*. En 1496 lorsqu'elle épousa, le 21 septembre, en présence de Charles VIII et d'Anne de Bretagne, dans la cathédrale de Tours, Jean Louis de Bellenave en Bourbonnais, elle avait plus de trente ans. Ici la laideur s'explique par une filiation qui ne paraît pas contestée, puisque le roi et la reine de France l'acceptent et la patronnent. Ils ont fait mieux, ils ont doté d'une grosse somme la fille bâtarde du vieux roi René, et même son futur mari. Est-ce donc beaucoup s'aventurer que de donner à la célèbre donatrice Somzée le nom de Madeleine d'Anjou, dame de Bellenave et comtesse de Montferrand, qui fut à la cour des Bourbons au moins jusqu'à 1515, et qui était leur parente très proche? Quant aux ressemblances avec le roi René on pourra les discuter, mais sauf le prognatisme un peu factice du vieux roi, causé par l'absence des dents, les yeux et le nez ont d'étranges rapports.

Il faut louer les conservateurs du Louvre d'avoir mis dans les collections de notre grand musée national, une œuvre longtemps réputée flamande, que ses qualités d'esprit, de distinction et de précision placent au premier rang des peintures de tous les temps et de tous les pays.

Haut. 0m55, Larg. 0m40

MUSÉE DU LOUVRE

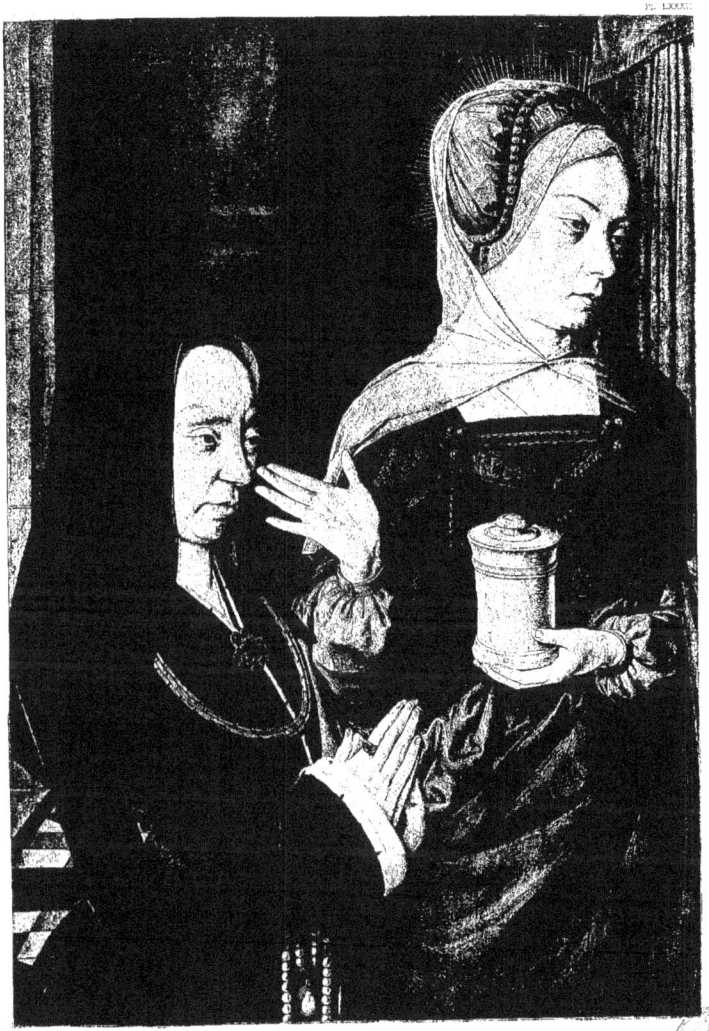

LA DONATRICE ET LA MADELEINE
par le Peintre des Bourbons
(Musée du Louvre)

# LA NATIVITÉ AVEC LE CARDINAL JEAN ROLIN

### Par le peintre des Bourbons, 1480

Planche LXXXIII

Ce tableau, jusqu'à ces derniers temps inconnu, appartient à l'évêché d'Autun; il a été prêté par S. E. le cardinal Perraud, de l'Académie française, et dès le début de l'Exposition il prenait l'un des premiers rangs dans la faveur du public. C'est que, aux rapprochements antérieurement tenté par divers critiques, cette pièce remarquable apportait certaines précisions. Une date d'abord.

Le cardinal Jean Rolin, qui avait commandé le tableau, et qui était fils du chancelier Rolin, mourut en 1483 à l'âge de 75 ans. Il est incontestablement pris sur nature ici, et son chien de même. En le supposant à deux ou trois ans de sa mort, ce serait 1480. Tout en constatant ce fait, nous remarquerons aussi les grands rapports entre cette effigie de prélat et celle du cardinal Charles de Bourbon, aujourd'hui conservée à Chantilly, qui paraît être du même artiste. Cette comparaison permet d'établir à peu près irréfutablement ce que certains auteurs avaient soupçonné déjà.

D'après le portrait du cardinal Rolin, nous nous trouvons donc en présence de la première œuvre connue du maître des Bourbons. Les plus rapprochées en date sont en effet de 1488 (Pl. LXXVII et LXXVIII).

Nous avons en plus une signature anthropométrique bien rarement rencontrée dans les œuvres peintes. La Vierge du tableau d'Autun nous sert à grouper sous le nom du peintre des Bourbons trois œuvres au moins où le même modèle de femme paraît avoir servi au peintre. Si l'on compare la sainte Madeleine du tableau dit la Donatrice Somzée (Pl. LXXII) si heureusement entré au Louvre ces derniers temps, on constate facilement que la même personne a fourni les modèles de la Vierge d'Autun et de la sainte Madeleine. Les yeux à la chinoise, le nez relevé, la bouche un peu bougonne, le double menton sont identiques. Mais il y a mieux ; la main ouverte de toutes deux sont textuelles l'une sur l'autre. Les lignes de la main, la paume, la longueur des doigts, la forme du pouce ont été relevées avec une précision de mensuration judiciaire. Une troisième œuvre où nous verrions volontiers le même modèle réapparaître est la Vierge du Musée de Bruxelles (Pl. LXXX) dite la Vierge Huybrechts. Même en tenant compte de certaines idéalisations, la Vierge du grand triptyque de Moulins aurait été inspirée par la personne dont nous parlons, laquelle était vraisemblablement la femme du peintre.

Dans le détail de l'œuvre on remarque la note idéaliste et naturaliste à la fois, le souci des accessoires poussé à l'extrême. L'enfant naissant est d'une vérité saisissante : il est bien le fils de sa mère, car les yeux sont ceux de la Vierge. Quant aux deux anges à gauche, ils sont ceux du manuscrit 14363 français de la Bibliothèque Nationale, dont la miniature initiale est due au Peintre des Bourbons.

On a nommé Van der Goes à propos de ce tableau, en se basant sur de très vagues ressemblances entre les personnages et ceux du triptyque des Portinari. Mais il est facile de se convaincre que le Peintre des Bourbons n'avait guère à demander au maître flamand, et que son art était à la hauteur de celui de son confrère.

Le tableau d'Autun est donc un élément supérieur de discussion pour la critique, en même temps que l'œuvre la plus suave de cette école française si dédaignée jusqu'ici, et dont l'importance, nous l'espérons, se grandit maintenant de ces constatations et de ces comparaisons.

Haut. 0m55, Larg. 0m71            ÉVÊCHÉ D'AUTUN

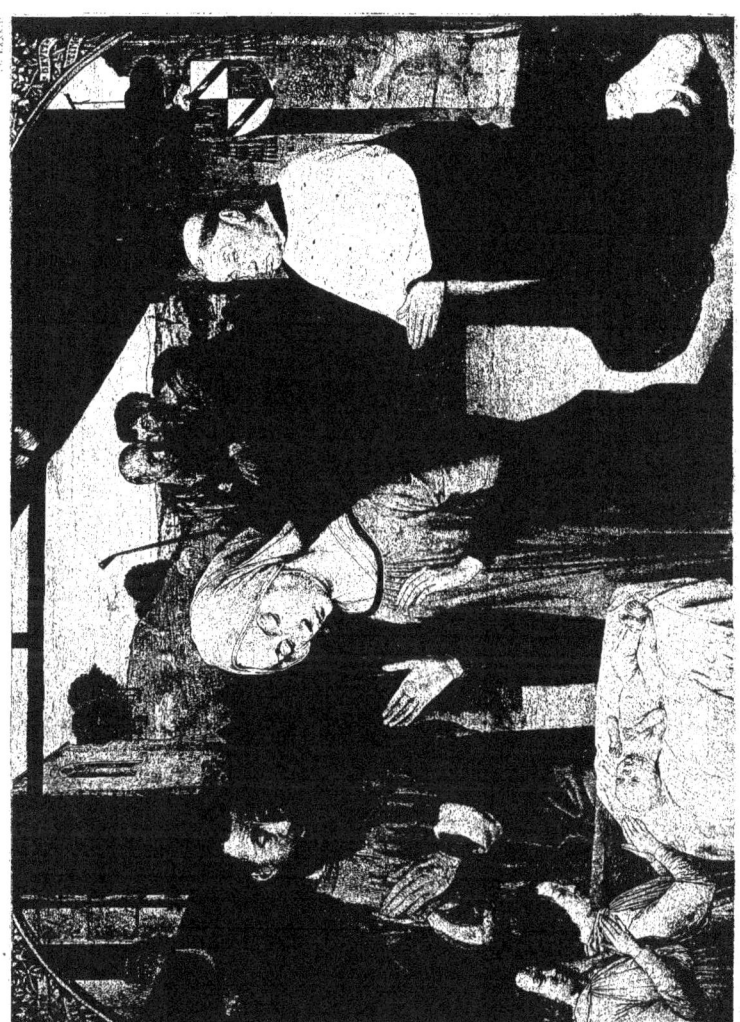

LA NATIVITÉ AVEC LE CARDINAL ROLIN
par le Maître des Moulins, vers 1480
(Musée d'Autun)

# LE DAUPHIN CHARLES-ORLAND

PAR LE PEINTRE DES BOURBONS, OU PAR JEAN BOURDICHON (?) 1494

Planche LXXXIV

L'étonnement qu'éprouvent les Français à posséder un Maître de l'importance du *Peintre des Bourbons* leur fait tout aussitôt attribuer en bloc à ce maître ce qui de près ou de loin paraît s'en rapprocher. Pourtant le *Peintre des Bourbons* n'était point seul de son espèce en France vers la fin du xv<sup>e</sup> siècle. Si la passion un peu naïve pour l'Italie entraînait les princes à employer les artistes italiens, ils avaient chez eux des peintres indigènes, restés avec leurs qualités et leurs défauts, et qui valaient à tout prendre un Solario. Le portrait d'enfant que voici, dont l'histoire est émouvante comme un roman, a été peint à la cour de France en 1494 par le peintre — autant valait dire alors un chaussetier et un cordonnier — en titre d'office à la cour. On a pensé à Perréal, on l'a dit. Les archives nous prouvent surabondamment que Perréal n'y fut pour rien. Or ceci a son importance. En comparant ce portrait à ceux du *Peintre des Bourbons* qu'on a lieu d'identifier avec Jean Perréal dit de Paris, on est forcé de reconnaître combien peu ces œuvres s'accordent entre elles. Le peintre du petit Orland qui est un Français indiscutable, un gothique, un pur fruit de terroir, paraît d'une vigueur et d'un talent plus robustes que n'est le *Peintre des Bourbons* plus gracieux et plus tendre. En composant ce portrait qui est une page d'histoire splendide, où l'on sent toutes les dégénérescences d'une race, toutes les menaces de mort sous une insouciance de bébé, l'artiste en était resté à Jean Fouquet, avec peut-être un peu plus d'âme et plus de philosophie.

Charles-Orland, dauphin de France, fils de Charles VIII et d'Anne de Bretagne, était né au Plessis-les-Tours le 10 octobre 1492. Son père, hanté de chevaleries et de preux, lui avait donné le nom de *Charles* en l'honneur de Charlemagne et d'*Orland* (Orlando) en l'honneur de Roland. Ses parrains furent Pierre de Bourbon et le duc d'Orléans (Louis XII) qu'on voit tous deux sur la miniature de la Pl. 98. Dès son enfance Anne de Bretagne, sa mère, le voua au blanc; nous savons le prix de ses petits chapeaux ordinairement achetés à Gorget de Tours pour cinquante sols tournois, nous savons le prix du drap d'argent de ses robes. Nous connaissons sa constitution débile que le portrait nous montre si évidente. En 1494, date du portrait, l'enfant a deux ans et quelques mois, comme l'indique la légende du cadre, il mourra en décembre 1495 pendant le séjour de sa mère à Moulins.

Si Charles-Orland eût accompagné sa mère dans cette dernière ville nous pourrions avoir des doutes sur l'auteur du portrait; mais il ne quitta point Amboise. C'est donc à Amboise, où il est si bien gardé que saint François de Paule lui-même ne peut le visiter qu'accompagné d'un moine français (et non italien de peur de poison), que le peintre a dû le prendre. Or ce peintre en tout état de cause ne peut être que Bourdichon. On a dit qu'un peintre italien pouvait être l'auteur de cette effigie; l'opinion est naïve. Ce portrait est bien sur nature. Or, si François de Paule n'approche pas l'enfant, ce n'est pas pour laisser un peintre italien prendre une pose. Bourdichon, lui, est portraitiste officiel du roi et de la reine; nous savons qu'il fait des grisailles, qu'il a exécuté les portraits du roi, de la reine et de M{$^{lle}$} de Tarente. Entre son talent de miniaturiste qui est très beau et son talent de peintre que nous ignorons encore (cependant le retable de Loches, Pl. 70-71, n'est-il pas de lui?) il y a place pour le charmant portrait de cet enfant royal. Quant à Perréal invoqué par M. Georges Hulin, il ne paraît pas que jamais on l'eût vu à la cour de France, et à plus forte raison à Amboise en 1494, date du portrait.

On sait l'histoire de cette effigie d'enfant. Envoyée à Charles VIII, elle resta dans les bagages du roi pris à Fornoue. Depuis un Vénitien la recueillit et en 1532 elle était signalée à Venise. Rentré en France, le portrait appartenait il y a vingt ans à M. Bligny, ancien agent de change. Cette légende ne vaut pas la simple constatation suivante. Le portrait fut exécuté pour la reine qui, enfermée à Moulins sous la direction du duc de Bourbon et surtout de la duchesse Anne, avait laissé son enfant à Amboise. Alors elle dut en faire prendre copie et envoyer l'original à Charles VIII. Le copiste eût été le *Peintre des Bourbons*. Si la légende dit vrai et si M. Bligny n'a point été trompé, c'est ici l'original pris à Amboise un an avant la mort du pauvre petit prince.

Haut. 0{$^m$}37, Larg. 0{$^m$}32

*Appartient à* M. AYR. LONDRES

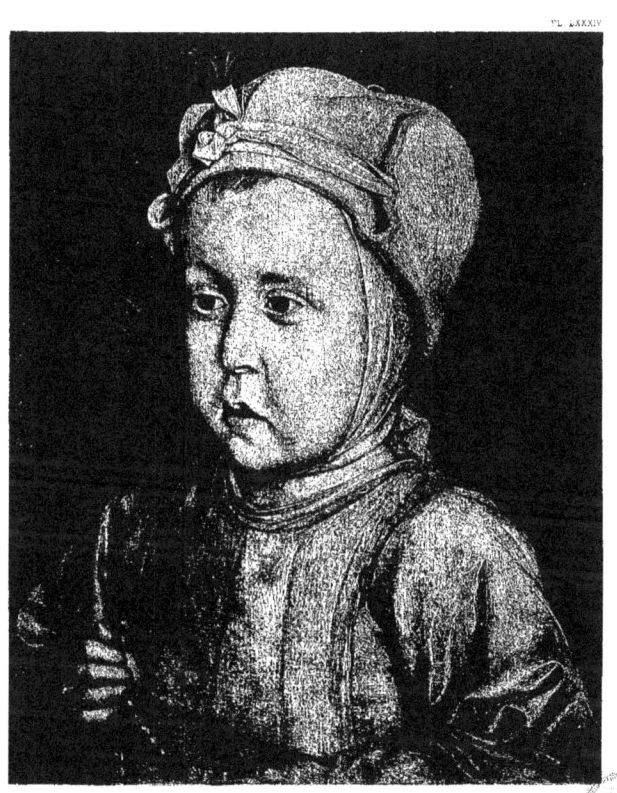

LE DAUPHIN CHARLES ORLAND
par Jean Bourdichon
(Collection de M. Ay.)

# LE CARDINAL CHARLES II DE BOURBON

### PAR LE PEINTRE DES BOURBONS 1485

#### Planche LXXXV

Le portrait du cardinal de Bourbon, frère du duc Jean II et du duc Pierre II (voir pl. LXXVII), existe à deux exemplaires identiques ; l'un est au Musée de Nüremberg (n° 22) l'autre à Chantilly (cat. du Musée Condé, Peintures étrangères n° CIX). C'est ce dernier que nous reproduisons : il n'est point inférieur à l'autre dont il est le sosie absolu.

Nous sommes donc ici en présence d'une de ces peintures reproduites à plusieurs exemplaires par l'artiste chargé d'un portrait. Il était ordinaire, en effet, que les peintres exécutassent plusieurs copies afin de satisfaire les amis du personnage représenté. Si l'on veut bien comparer cette œuvre aux divers tableaux attribués au Peintre des Bourbons dans le dernier quart du xv<sup>e</sup> siècle, on ne manquera point d'être frappé des analogies. Longtemps donné à l'école flamande, le portrait revient à son véritable auteur. On s'en convaincra en l'opposant à celui du cardinal Rolin (Pl. LXXXIII) dont l'attitude et les accessoires sont si rapprochés. Et si l'on compare notre portrait, sa tenture de fond — brodée aux armes de Bourbon et à la *jarretière* — avec le saint Pierre du *triptyque de Moulins* (Pl. LXXIV) on s'apercevra vite combien les broderies du fond et celles de la chape du saint ont de concordances. Quant à la matière, à l'allure générale, elles sont exactement celles des tableaux du Peintre des Bourbons. Le visage glabre du Cardinal, ses mains si particulièrement étudiées ne permettent aucun doute.

Nous avons laissé entendre à plusieurs reprises que nous identifions le Peintre des Bourbons avec Jean Perréal dit de Paris, l'un des plus grands artistes du xv<sup>e</sup> siècle français. Voici une nouvelle vraisemblance en faveur de cette opinion.

Le cardinal Charles de Bourbon était fils de Charles I<sup>er</sup> duc de Bourbon, comte de Clermont, et d'Agnès de Bourgogne. Par sa mère il était petit-fils de Jean-sans-Peur. Ce fut un personnage de premier plan ; archevêque de Lyon à douze ans, cardinal à trente-deux, il fut parrain du fils de Louis XI, le futur Charles VIII. Il fut duc de Bourbon quelques mois, entre le 1<sup>er</sup> avril 1488, date de la mort de son frère Jean, et le 23 septembre 1488, époque à laquelle il mourut à Lyon, laissant le duché à son frère Pierre II.

Or ce prélat très mondain était un amateur d'art, un curieux d'objets rares. Ses tapisseries à la Licorne nous ont été conservées dans les dessins de Roger de Graignières. A Lyon, où il vivait constamment, son palais épiscopal était un musée enrichi de tentures précieuses et de tableaux rares. Quelques années avant qu'il mourût, en avril 1483, Jean Perréal était venu se fixer à Lyon ; ce n'est que plus tard, postérieurement à 1485 que, sur la protection du Cardinal vraisemblablement, il fut reçu à la cour du futur duc Pierre II, frère du prélat. Or dans le courant de 1485 nous voyons Jean Perréal occupé à la réception du Cardinal qui devait arriver à Lyon le 6 décembre. C'est lui qui fut chargé d'organiser la fête et de peindre certains accessoires. Charles avait alors cinquante et un ans, étant né en 1434. C'est bien l'âge que le peintre lui a conservé dans l'effigie, en dépit du rajeunissement obligé, et des atténuations courtisanesques. Il est donc très plausible d'admettre que Perréal alors fort en vue, employé officiellement par la ville de Lyon, fut chargé par le prélat de le portraiturer. Et ceci est d'autant plus admissible que nous retrouvons Perréal, à un an de là, fourrier et peintre de la dame de Beaujeu, Anne de France, et qu'il est chargé par elle de missions délicates, comme nous l'avons mentionné ci-devant.

Ces rapprochements de date, venus en concordance d'autres, nous inclinent à donner le portrait du Cardinal de Bourbon à Jean Perréal ; ils nous autorisent à penser également — si nous voulons nous rappeler d'autres circonstances — que le véritable peintre des Bourbons ne peut être que lui. M. de Maulde qui nous a fourni beaucoup de détails intéressants sur Jean Perréal, et qui lui a, le premier, attribué le triptyque de Moulins, ne parle pas du portrait de Chantilly. C'était là cependant la clé d'un mystère, et l'éclaircissement pour divers points obscurs. Le Peintre des Bourbons a commencé par le Cardinal pour finir par son frère. Les documents authentiques sont là, ils sont cités par M. de Maulde dans son livre (*Jean Perréal*, Paris, Leroux 1896, in-18, p. 8 et suiv.). Et comme nous avons constaté ci-devant que Perréal donna le dessin du tombeau de Nantes, dont certaines figures rappellent celles des tableaux du Peintre des Bourbons, que le dessin, la manière, la technique, entre le portrait du Cardinal et les autres tableaux à lui attribués, sont identiques, la preuve nous paraît bien près d'être faite. L'argument vaut en tout cas tant d'autres invoqués en l'honneur de peintres flamands ou italiens.

Le tableau appartenait à Benjamin Fillon, de qui le duc d'Aumale l'acquit en 1881. Mais il n'est ni de Memling ni de van der Goes comme on l'avait cru. C'est une œuvre française indiscutable, comme d'ailleurs l'autre exemplaire identique du Musée de Nüremberg.

Haut. 0m33, Larg. 0m25

MUSÉE CONDÉ, *CHANTILLY*.

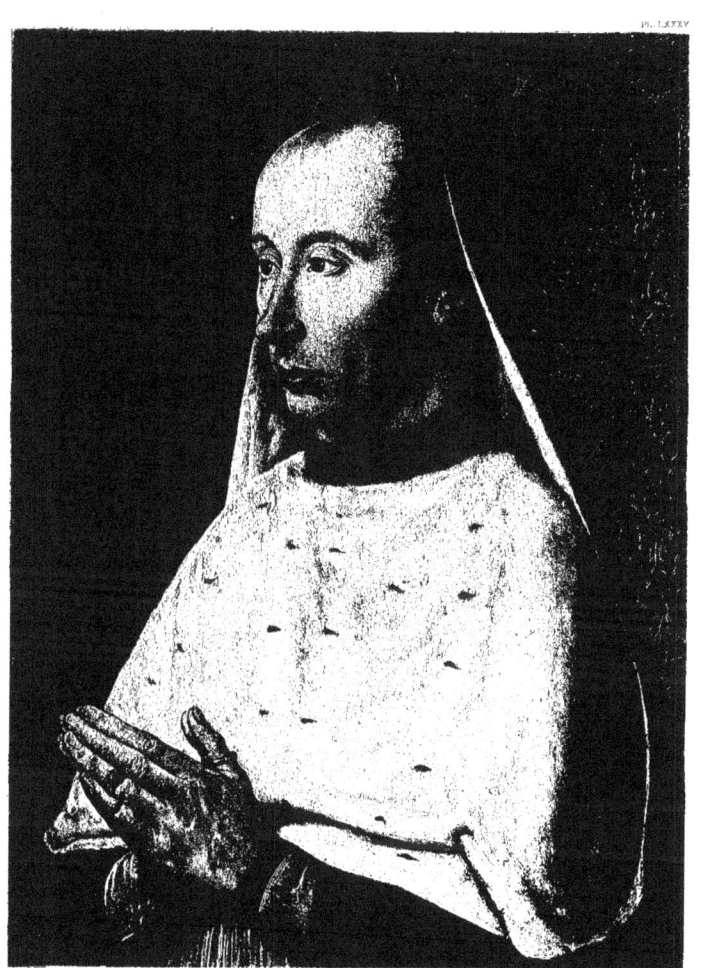

PORTRAIT DU CARDINAL CHARLES DE BOURBON
par le Peintre des Bourbons 1485
(Musée Condé Chantilly)

# CHARLES VIII ET LE DUC DE BOURBON
## VISITÉS PAR SAINT-MICHEL
### PAR LE PEINTRE DES BOURBONS, 1489

Planche LXXXVI

Cette miniature qui est un véritable tableau, tenu, dans son ensemble, comme une œuvre de grandes dimensions, forme l'en-tête du manuscrit 14363 du département des manuscrits de la Bibliothèque nationale, qui a figuré à l'Exposition des Primitifs français, rue Vivienne, sous le n° 175.

Elle avait été signalée autrefois par moi à mon cher confrère et ami le comte Paul Durrieu, qui, dans une étude très documentée, l'attribua à Jean Perréal. Depuis M. de Maulde reprit la thèse dans un livre sur Jean Perréal dit Jean de Paris (Paris, Leroux, 1896). En dernier lieu M. Camille Benoît se servait de ces travaux pour ranger sous le nom de *Maître de Moulins*, c'est-à-dire du *Peintre des Bourbons*, cette pièce exceptionnelle dont les manuscrits français de la fin du xv<sup>e</sup> siècle ne nous ont pas encore montré l'équivalent.

M. le comte Durrieu et M. de Maulde, qui tous deux pensaient à Jean Perréal, reportent l'exécution de cette pièce à l'année 1495. M. de Maulde, très versé dans l'histoire de ces temps, démontre que le livre, contenant des statuts additionnels à ceux de l'ordre de Saint-Michel, fondé par Louis XI et portant en tête, au-dessous de la miniature, une dédicace en vers, n'a pas été commandé par le roi lui-même. En rapprochant les personnages qui accompagnent le roi d'un tableau du Louvre, représentant le duc Pierre II de Bourbon (Pl. LXXVII), mari d'Anne de Beaujeu et beau-frère de Charles VIII, on avait reconnu le duc Pierre dans l'un des deux hommes aperçus là. Allant plus loin, M. de Maulde prétendait que les deux hommes accompagnant le roi, n'en faisaient qu'un, et que c'était Pierre II sous deux orientations différentes. M. Durrieu, au contraire, pensait retrouver, — mais sans preuves — Étienne de Vesc ou de Vères, conseiller du roi, dans le personnage tourné à gauche. Les dates autorisent à penser qu'il s'agit de Louis d'Orléans, le futur Louis XII. Quant à la femme représentée sous les traits du saint Michel, MM. de Maulde et Durrieu pensaient à Anne de Bretagne, le premier avec des réserves, cependant.

Or, si le portrait de Pierre II de Bourbon est identique, comme âge et comme allure, à celui du Louvre daté de 1488, nous devons penser que la miniature se rapproche sensiblement de ce temps, à un ou deux ans près, tout au plus. La figure du roi confirme cette impression ; il paraît dix-huit ans, et il n'a pas la figure déjà plus virile que nous lui retrouvons après son mariage (1492) à la Planche LXXXVII ci-après. Né en 1470, il a dix-huit ans en 1488, et s'il a dix-huit ans — mettons dix-neuf — il ne peut être question d'Anne de Bretagne qu'il épousera en décembre 1491, et qui est alors fiancée à Maximilien d'Autriche.

D'ailleurs, le roi Charles VIII est lui-même fiancé alors, et la jeune fille qui lui était destinée habitait la France; elle était élevée par Anne de Beaujeu, en vue d'une union prochaine. En France, elle avait sa maison montée, son gouverneur et sa gouvernante, ses artistes même, et on l'appelait la *Petite reine*. Elle se nommait Marguerite d'Autriche, et était fille de Maximilien ; née en 1480, elle avait neuf ou dix ans à l'époque probable de la miniature.

Comme il faut bien admettre que le manuscrit a été offert au roi, suivant que M. de Maulde l'a démontré, c'est vraisemblablement le duc de Bourbon qui l'a fait exécuter. Or, il se trouve que justement des registres du Trésor des Chartes KK 73 et 74 nous apprennent que le jeune roi et sa petite compagne sont allés, en grand équipage royal, rendre visite au duc et à la duchesse de Bourbon, alors dans leur château d'Ambierle. Dans les documents, Marguerite était appelée la *reine*. Ceci se passe entre le 28 octobre et le 15 novembre 1490, le roi ayant vingt ans et la jeune reine dix. Personne n'a jamais indiqué ce voyage et les vraisemblances qu'il comporte. Chose plus importante encore : La jeune reine a, dans ses valets de chambre pendant son voyage, un peintre, et ce peintre est *Jean Perréal dit de Paris*, comme on le constate dans les états de sa maison (Bibl. Nat. ms. fr. 7853 fol. 285). Je crois que ces rapprochements sont faits pour lever les doutes. Il est incontestable que l'archange saint Michel représente Marguerite d'Autriche un peu vieillie pour la circonstance. Quant au monogramme K. A. (Charles et Anne) aperçu sur le fond, j'ai constaté qu'il était ajouté après coup, probablement lorsque le roi eut épousé en 1491 la reine Anne et quand on eut retourné à son père Maximilien, la petite fille qui avait cessé de plaire. C'est un écuyer de la reine Anne qui la reconduit en 1492!

L'intérêt historique de la miniature se double de l'intérêt artistique. Il ne fait guère de doute que Perréal en soit l'auteur. Et si l'on compare les deux anges qui accompagnent le saint Michel, à deux autres, représentés dans le tableau de la *Vierge* de Bruxelles, dite la *Vierge Huybrechts* (Pl. LXXX) on est pleinement assuré que le peintre de la miniature et celui du tableau sont le même artiste. Comme le premier est vraisemblablement Perréal, le second est Perréal aussi, et alors Perréal serait bien le *Peintre des Bourbons*. Il retrouvera plus tard Marguerite d'Autriche à Brou, et la princesse lui aura gardé bon souvenir.

J'expliquerai plus au long les raisons que je donne ici en abrégé, dans un livre sur les *Primitifs français*.

Quant à la date 1495 assignée pour la miniature par MM. de Maulde et Durrieu, la figure du roi s'y oppose absolument; et sûrement aussi l'ange saint Michel n'est pas Anne de Bretagne.

Vélin, gouache

BIBLIOTHÈQUE NATIONALE, DÉPARTEMENT DES MANUSCRITS

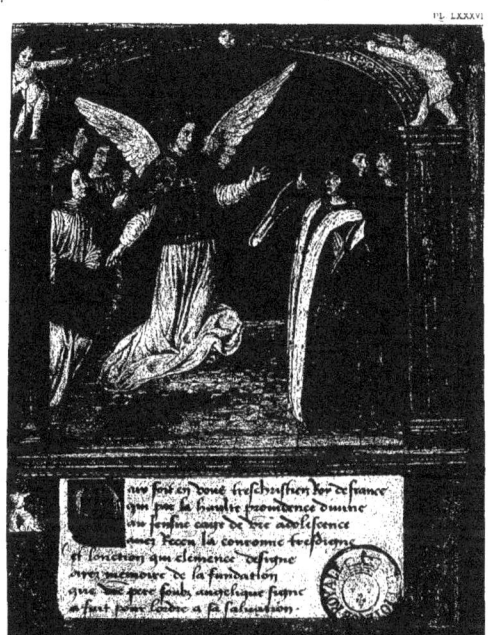

CHARLES VIII ET PIERRE II DE BOURBON VISITÉS PAR S<sup>t</sup> MICHEL.
par le Peintre des Bourbons 1489
(Bibl. Nat. Ms. fr. 16365)

# CHARLES VIII ET ANNE DE BRETAGNE

École française vers 1491

Planche LXXXVII

Ces deux portraits, si expressément gothiques encore, et si bien restés dans la formule française du xv⁵ siècle, ont une curieuse histoire. Ils sont enfermés dans les ais d'une reliure de livre, dans une sorte de reliquaire dont le couvercle glisse comme celui d'une boîte à dominos. Aperçus autrefois dans les collections de Gaignières, étudiés par M. Vallet de Viriville, calqués précieusement par le comte de Bastard, ils étaient restés sans détermination jusqu'à nous. Le Département des Manuscrits de la Bibliothèque nationale, qui conserve le livre en question sous le n° 1190 du fonds latin, et qui l'expose dans la galerie Mazarine, ne montre que la reliure extérieure, enfermée dans un travail naïf de tapisserie à l'aiguille. Ces deux peintures qui sont pour l'histoire de l'art un document de premier ordre, sont donc sacrifiées à une reliure sans aucun intérêt.

Elles ont figuré à l'Exposition de la rue Vivienne sous le n° 170, et le catalogue les indique par erreur comme deux *miniatures*. Ce sont des peintures à l'huile sur bois de cèdre, fort poussées en couleur, et exécutées par un miniaturiste. Ce qui le prouve, ce sont les hachures d'ombre dans le corsage de la reine, et divers détails dans les costumes ou les figures. Mais en dépit de leur pratique un peu barbare, ces deux effigies sont un intérêt iconographique considérable. D'abord elles se réclament de la tradition Fouquettiste, dans la présentation des personnages, dont les mains sont appuyées à la mode française. Et puis elles montrent le roi Charles VIII et la reine Anne au moment de leur mariage, vers 1491 ou 1492 environ, ce qui constitue une œuvre à peu près unique dans le genre. C'est en comparant ce buste du roi à celui du Charles VIII du Bargello, à celui du manuscrit 14363 (n° de l'Exposition des manuscrits 170 et ci-devant pl. LXXXVI) que nous avons pu identifier les personnages restés inconnus. Le manuscrit aurait peut-être appartenu à la reine Anne, et la tapisserie informe pourrait être de sa main.

Le nom de l'artiste est inconnu. On a dit Bourdichon, on a dit Jean Perréal, mais il ne semble pas que ces artistes connus par d'autres travaux puissent être assimilés avec le peintre énergique et brutal de ces deux petites œuvres. Que cherchons-nous un nom? Il y avait en France un millier de peintres à cette époque capables d'exécuter ainsi les deux portraits.

Le roi Charles VIII, né le 30 juin 1470 au château d'Amboise, avait à peu près vingt et un ans. Il avait épousé Anne de Bretagne le 13 décembre 1491. Il passait pour un phénomène de laideur : « Il est de complexion fort délicate, et de corps malsain, écrivait Guicciardini, de petite stature et de visage — et si tu luy eusses osté la vigueur et la dignité des yeux — fort laid, ayant les autres membres proportionnés en telle sorte, qu'il ressembloit plustost à un monstre qu'à un homme ». Ce jugement sévère est confirmé par la peinture dont nous parlons. Charles VIII y est un monstre. Jean Perréal l'avait plus doucement traité dans la miniature précédente, tout en lui conservant son caractère étrange et sauvage.

Bois.  BIBLIOTHÈQUE NATIONALE, DÉPARTEMENT DES MANUSCRITS

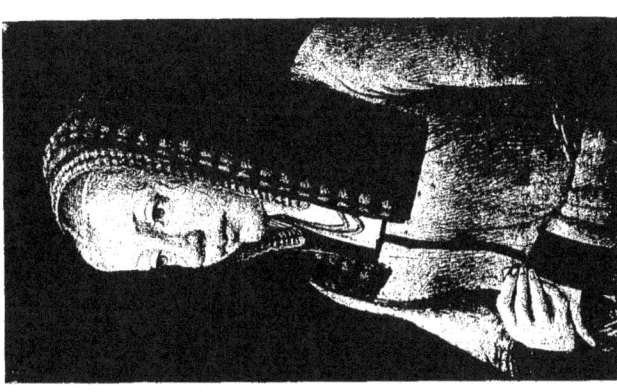

CHARLES VII

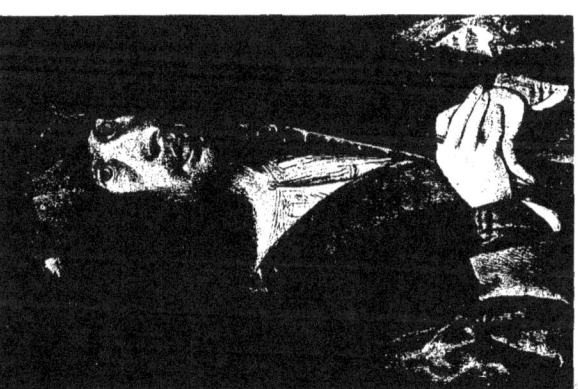

ANNE DE BRETAGNE

École française du XVe siècle
(Bibliothèque nationale — Département des manuscrits)

# LE COURONNEMENT DE LA VIERGE

### PAR UN PEINTRE BOURGUIGNON OU LYONNAIS, vers 1496

#### Planche LXXXVIII

Ce tableau et le suivant ont naturellement été attribués à l'école flamande, mais les caractères généraux, les figures d'anges, le type de la Vierge et celui du Père Éternel sont de l'accointance du Peintre des Bourbons et de la descendance de Jean Fouquet. Sans doute, la théorie d'anges aperçus en arrière du trône divin, n'ont ni le charme ni la grâce spéciale des anges du Peintre des Bourbons; leur visage a plus de naïveté et moins d'originalité que ceux du maître, mais on les devine inspirés d'un sentiment concurrent et parallèle. La Vierge elle-même n'est pas si éloignée de celle que nous apercevons au revers du triptyque de Moulins, ou même de celle de la célèbre *Annonciation* de l'église de la Madeleine à Aix (Pl. LIII). L'architecture du trône est dans le goût de certaines constructions retrouvées dans les miniatures du centre entre 1450 et 1500. Le Père éternel est à la fois inspiré des œuvres de Fouquet et de Charonton.

Tout concourt donc à donner cette œuvre remarquable à quelque artiste inconnu de la région lyonnaise au temps où Jean Perréal tenait un des premiers rangs parmi les artistes du Lyonnais, du Bourbonnais et du Forez. Nous ne proposerons aucun nom, parce que nous sommes sans renseignements directs permettant un rapprochement. Les caractères retournés qu'on aperçoit sur la bordure du manteau de la Vierge sont sans aucune signification; ils ressemblent à ceux du tableau du Louvre (Pl. XCII) où notre ami, M. de Mély, a cru lire en lettres hébraïques une date et un nom. Cette façon de décoration est encore de la descendance de Jean Fouquet, comme on peut s'en convaincre par les *Heures* d'Étienne Chevalier, sauf que les artistes aient eu là un langage conventionnel, une écriture spéciale et franc-maçonnique, dont nous ignorons les caractères, ces sortes d'hiéroglyphes restent pour nous un problème. L'opinion la plus généralement admise est qu'ils ne signifient absolument rien et qu'ils ne sont là que pour la décoration.

Haut. 1m38. Larg. 0m75                                                                                         MUSÉE DE LYON

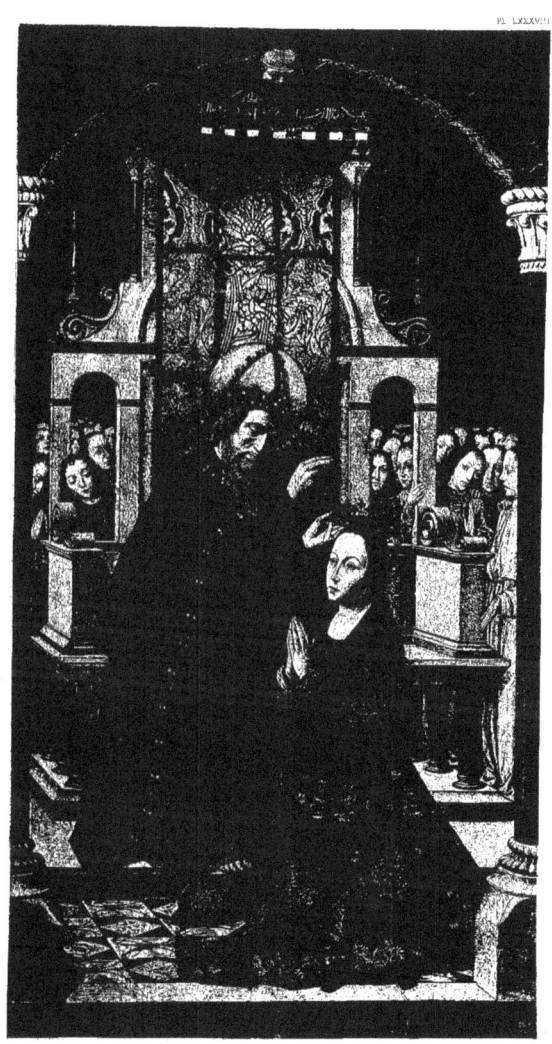

LE COURONNEMENT DE LA VIERGE
École de Bourgogne vers 1460
(Musée de Lyon)

# LA MORT DE LA VIERGE

PAR UN PEINTRE BOURGUIGNON OU LYONNAIS, vers 1495

Planche LXXXIX

Tout ce que nous avons dit à la planche précédente s'applique également à celle-ci. Les influences françaises de l'École de Tours et celles venues d'Avignon ou de Moulins y sont remarquées. Le lit est un lit du centre de la France, encore retrouvé dans certaines localités du Berry. L'absence de plis cassés et tourmentés nous montre que les influences flamandes ou allemandes ne s'y produisent pas. Les anges sont des figures de la bonne descendance française. Il y a quelques analogies entre ces peintures et les deux autres panneaux inférieurs, prêtés à l'exposition par M. le vicomte Cornudet, dont l'un représente l'*Entrée des Bienheureux au Paradis*, et l'autre une *Adoration des Mages*. Il paraît vraisemblable que ces œuvres ont été exécutées dans la région voisine du Rhône, par un artiste qui aurait aperçu les travaux de Nicolas Froment, ceux de Charonton et ceux de Fouquet. Il avait étudié également le jeu de la lumière et s'intéressait à en rendre les effets avec précision. L'apôtre qui souffle sur un encensoir à gauche est d'une grande vérité. Quant aux figures, elles sont de France, celle de la Vierge surtout.

Haut. 1m35, Larg. 0m75

MUSÉE DE LYON

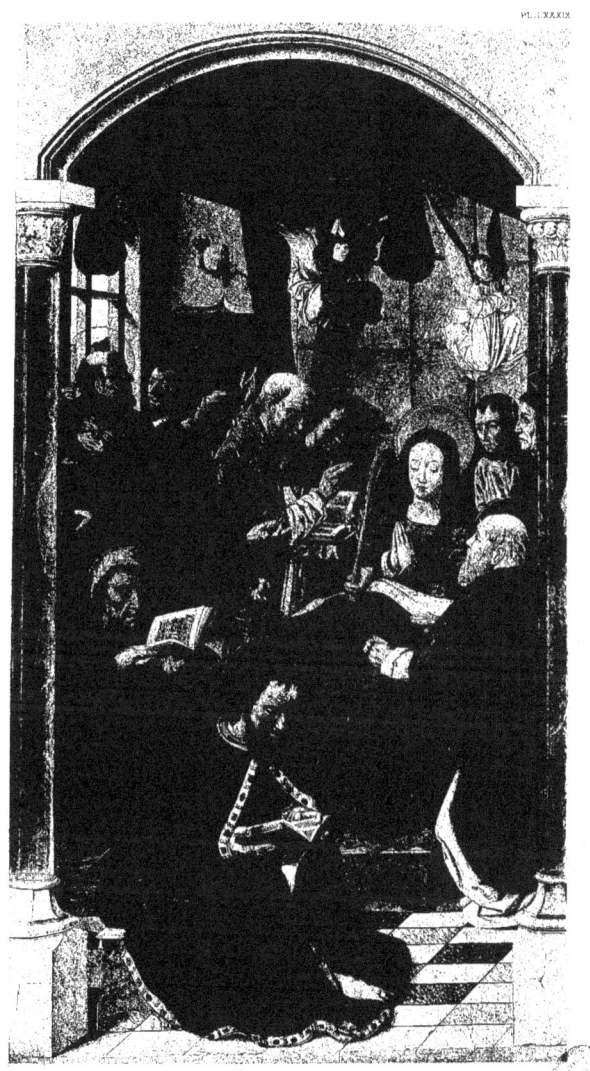

LA MORT DE LA VIERGE
par un peintre bourguignon ou lyonnais vers 1496
(Musée des Beaux)

# PIETA DANS UN PAYSAGE

ÉCOLE DE LA HAUTE-BOURGOGNE OU DE FRANCHE-COMTÉ, VERS 1510

PLANCHE XC

Ce tableau, exécuté par un peintre dont la matière rappelle celle du maître à qui nous devons la *Pieta* de M. d'Albenas (Pl. LXI) nous offre une qualité de matière tout à fait supérieure. Les colorations en sont d'une harmonie, d'un éclat et d'une puissance, dont peu d'œuvres anciennes nous fournissent l'équivalent. Le pays montagneux et abrupt, avec une ville dans le lointain, est traité avec une largeur très rare alors. Cette ville offre cette particularité, que la plupart des clochers qu'on y aperçoit sont de même forme, la pointe flanquée de quatre toits pointus en pignon, comme on en trouve dans la région du Jura allant de Poligny à Saint-Claude. Les églises de Montevillars à Poligny, de Beaufort, de Savignac, et d'autres endroits dans la région Jurassienne, nous offrent de telles particularités. Les montagnes à pic, les lointains ne sont pas non plus sans analogie avec le pays dont nous parlons. Ce sont là des présomptions, mais non des preuves, car nous devons admettre qu'un artiste ambulant ait pu s'arrêter dans la contrée et y travailler de son métier. En tous cas ce peintre ne paraît pas être un Flamand. La figure de la Vierge ni celle du Christ ne nous apportent de concordance avec les travaux du Nord. Les plis du manteau de la Vierge sont tourmentés à l'excès, mais non de la façon dont les concevaient les Flamands. Le problème n'est pas élucidé par nous, et nous n'avons d'autre prétention que de signaler certains indices conducteurs. M. Berenson, dans une visite aux Primitifs français, a paru rattacher plus expressément que nous ne faisons, le tableau dont nous parlons à celui de la Planche LXI. Il y était poussé par les qualités de la peinture, et certaines analogies entre les paysages respectifs. Nous avouons ne pas être complètement rallié à la manière de voir de l'éminent critique. Dans le tableau d'Albenas les draperies ont moins de nervosité, les tons plus de puissance et moins d'harmonie. Mais il est bon de signaler ici une opinion qui a une valeur incontestable.

Ce tableau a été acheté en Italie.

Haut. 0m47, Larg. 0m33.

*Appartient à* M. LE BARON LAZZARONI, *PARIS*.

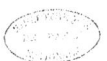

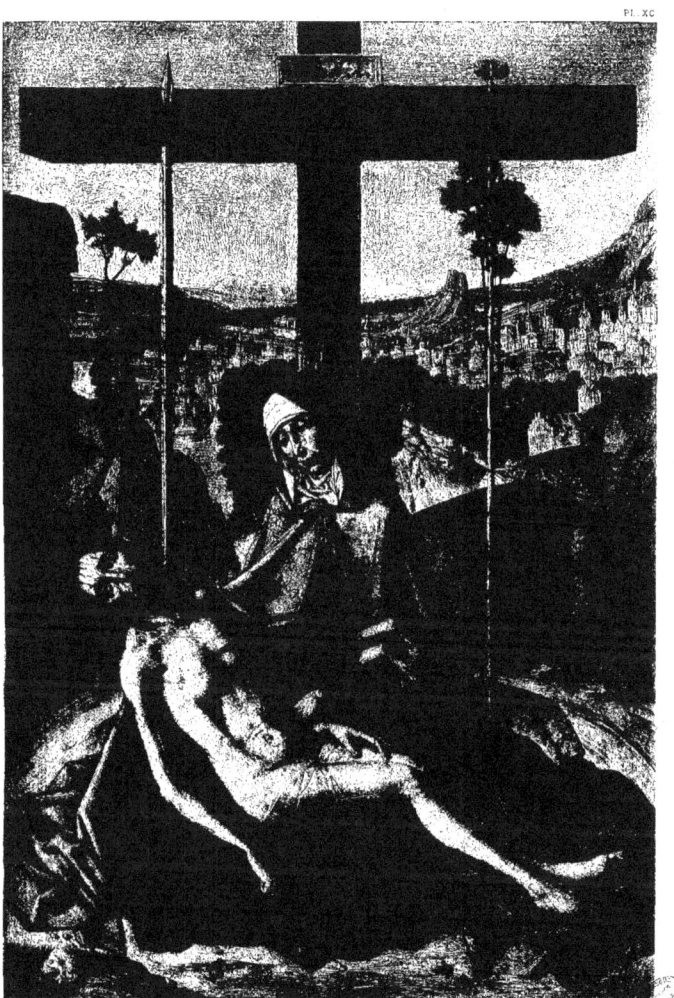

PIETA
Ecole de Franche Comté

www.ingramcontent.com/pod-product-compliance
Lightning Source LLC
Chambersburg PA
CBHW050216230526
45470CB00001B/405